1

Norbert-Bertrand Barbe

LES TENTATIONS DE SAINT ANTOINE AUX XIVème-XVIème SIÈCLES

SOMMAIRE GÉNÉRAL
DU VOLUME

I/ INTRODUCTION A L'ETUDE DES *TENTATIONS DE SAINT ANTOINE*

On peut dire que nous sommes entrés en histoire de l'art à travers l'étude des *Tentations de saint Antoine*, sur lesquelles nous avons fait notre maîtrise à l'Université de Paris X-Nanterre, en 1991, sous la direction de M. le Professeur Carol Heitz. Ce travail, qui s'était préparé dans les deux années antérieures, par des travaux ponctuels, dans le cadre des cours de M. le Professeur Jean-Pierre Suau, alors encore Maître de Conférences, a, bien sûr, tous les travers d'un premier travail. Nous nous étions alors attaché plus précisément à l'iconographie des *Tentations* par des figures féminines. Plus tard, nos investigations nous poussèrent vers d'autres champs. Cependant, ces premières recherches furent pour nous fondatrices, aussi bien par la méthode que nous y employions déjà (notamment l'étude comparatiste statistique de la récurrence des motifs) que par le thème choisi, qui laissait, nous nous en rendons compte aujourd'hui, présager des orientations que nous aurions par la suite.

A l'époque, *Le Serment des Horaces* se proposait de publier un article résumant notre recherche. Malheureusement, la revue avait disparu avant de pouvoir le faire. Ce n'est que quelques années plus tard que notre travail, sous une forme retravaillée, fut, enfin, publié par *La Revue de la Bibliothèque Nationale de France*.

Cette petite histoire n'aurait pas grand intérêt, sauf peut-être celui de rendre compte des difficultés que rencontre, malheureusement trop souvent, un jeune chercheur pour se faire publier, armé seulement de sa fraîche vigueur et ses espoirs.

Mais, si nous nous sommes permis de rappeler à nous ces souvenirs, c'est surtout pour expliquer la démarche qui régit la suite des articles sur la *Tentation de saint Antoine*. En effet, par nostalgie sans doute, mais aussi par souci de replacer les interprétations des articles sur Schongauer et des *Heures de Louis de Laval* dans leur genèse, nous avons cru bon de reproduire, auparavant, l'article prévu pour *Le Serment des Horaces* dans son intégralité, précédé de l'introduction qui, sur la demande de Mme Antoinette Fauve-Chamoux, ancienne rédactrice en chef de *La Revue de la BNF*, préfaçait nos deux études dans la version publiée. Nous y avons joint le tableau qui devait, dans *Le Serment des Horaces*, servir d'appendice à notre article.

Nous espérons que le lecteur nous excusera donc pour les nombreuses redites que cela implique, et que le chercheur comprendra notre démarche, qui correspond en fait à un souci de montrer, une fois n'est pas coutume, la genèse réelle d'un travail universitaire, genèse qui, bien qu'elle explique toujours les choix méthodologiques et idéologiques de l'auteur, est systématiquement, et soigneusement, cachée. Or, s'il est vrai que, comme le disait Borges, la grandeur d'un auteur est de faire oublier au lecteur sa technique, celle d'un scientifique devrait toujours être de la lui faire partager, surtout lorsqu'il s'agit, comme ici, de travaux d'interprétation, et de jeunesse.

Les *Tentations de saint Antoine* représentent, avec la franciscaine, l'iconographie la plus développée de la fin du Moyen Age[1]. Elle s'étale même plus longuement dans le temps, puisque son essor est continu du XIVème aux XVIème-XVIIème siècles, alors que l'apogée de celle de saint François d'Assise se situe au XIVème siècle, son acmé marquant aussi sa fin.

Malgré cela, les *Tentations* n'ont été que peu étudiées. On peut citer comme articles de référence "*L'épisode de la reine de Saba*" de 1936[2] et "*La Rencontre du roi Salomon et de la reine de Saba dans l'iconographie médiévale*" de 1949[3] d'André Chastel. L'ouvrage de base est sans contexte celui de 1981 de Frédérick Tristan, intitulé *Les Tentations de Jérôme Bosch à Salvador Dali*[4].

Les *Tentations* se divisent en deux périodes; la première, du XIVème au XVème siècles, voit se multiplier les *Tentations* par les démons; la seconde, du XVIème au XVIIème siècles, selon le schéma du naturalisme baroque qui refuse les représentations tératologiques[5], marque l'essor des *Tentations* par les femmes.

Il paraît donc intéressant d'étudier séparément ces deux formes bien distinctes d'iconographie; ce que nous allons nous proposer de faire dans les articles suivants, à partir de deux exemples précis[6].

Nous voudrions mettre les études suivantes sous le signe de deux citations, qui nous paraissent parfaitement correspondre à la problématique qu'engendre l'étude des *Tentations*.

La première est extraite de *La Quête d'Isis* de 1985 de Jurgis Baltrusaitis:

"*Les perspectives dépravées procèdent par des aberrations donnant naissance à des légendes des formes et des anamorphoses jouant avec des apocryphes optiques. Le même mécanisme visionnaire produit aussi des contes fantastiques autour des contes imaginaires. C'est l'une de ces légendes d'un mythe que nous tentons ici de reconstruire à partir des textes et des témoignages authentiques recueillis autour d'un monde ancien parmi les plus ouverts à l'imagination et le plus obsédant*"[7].

La seconde et non la moindre, qui met en évidence le rôle des *Tentations* en tant qu'individuation de celles du chrétien (saint Antoine est l'un des intercesseurs de l'*Ars*), en tant que "guide spirituel", termine l'article de 1990 de

Christian Loubet, intitulé "*Les Tentations de saint Antoine selon Jérôme Bosch*":

"*Bosch confirme son message dans son oeuvre ultime, le Portement de Croix (1516, Gand). Le pur visage du Christ aux yeux clos contraste avec les gueules grimaçantes des soulards. Mais Véronique (dans l'angle gauche) recueille l'effigie du Sauveur sur son linge, et là il ouvre les yeux vers nous, spectateurs, pour un dernier appel. Comme pour Véronique, c'est la foi qui justifie le chrétien et lui permet d'accéder à plus d'Etre, tandis que la corruption de ce monde l'entraîne au marchandage sans fin du désir et de la possession illusoire. Le "mythe" de saint Antoine, au fond, ne signifie pas autre chose, même si les interprétations ultérieures ont réduit sa portée en insistant sur l'ascèse sexuelle*"[8].

II/ *LA TENTATION DE SAINT ANTOINE*: UN PROBLEME SCOLASTIQUE

La *Tentation*: une question de temps et d'espace

En cette fin de XXème siècle, et après deux siècles d'histoire de l'art, il est curieux de constater que les *Tentations de saint Antoine* n'ont pas été systématiquement étudiées, et ce bien qu'elles forment l'iconographie la plus développée de la fin du Moyen Age, après celle de saint François d'Assise[1]. En effet, mis à part l'ouvrage de Frédérick Tristan, sur *Les Tentations de Jérôme Bosch à Salvador Dali*, qui date de 1981[2], il n'y a que trois ouvrages, par ailleurs anciens, sur les *Tentations*[3].

Nous ne tenterons donc pas ici de combler cette absence d'étude globale des *Tentations*, mais plutôt de voir les implications sociales de ce type iconographique[4].

Partant, ce qui pose tout de suite un problème à l'historien, c'est bien sûr le nombre impressionnant des *Tentations* réalisées entre le XIVème et le XVIème siècles. L'étude montre qu'elles suivent dans leur développement, avec à peu près un siècle de retard, le schéma géographique de l'implantation des universités (schémas 1 et 2).

La première conclusion qui s'impose est donc que les *Tentations* seraient au centre d'une véritable rhétorique scolastique. D'ailleurs, la progression des *Tentations* suit celle de la Réforme en Allemagne et en Italie. Or, si l'on compare leur développement avec celui des grandes sociétés commerciales (les maisons Fugger en Allemagne et Médicis en Italie), on s'aperçoit que l'expansion économique favorisa aussi beaucoup leur progression à travers l'Europe.

Donc, contrairement à l'idée reçue, qui voudrait que les *Tentations* soient, comme l'art macabre, une réponse au choc causé par l'irruption soudaine de la peste noire en 1346[5] (hypothèse démentie par l'opposition flagrante entre la fulgurance de la "grande peste" de 1346-1352 et le développement sur trois siècles des *Tentations*), elles apparaissent plutôt comme le produit d'une société riche et cultivée, et surtout comme une réponse au débat sur les nouveaux courants religieux.

De fait, si certaines oeuvres, comme *Les Faits de la Vie de saint Antoine* de Bernard Parentino de la galerie Doria à Rome[6] (qui ne représente d'ailleurs pas une *Tentation*), peuvent rappeler la forme d'un *Dict des trois morts et des trois vifs* (sans aucune référence à la vie de saint Antoine relatée par saint Athanase dans la *Vita Antonii*, IVème siècle, ou Jacques de Voragine dans *La Légende dorée*, vers 1260), il apère quand même que le rapport entre l'art macabre et les *Tentations*, s'il doit être noté, n'est pas suffisant pour les expliquer.

On sait qu'à la mort de saint François d'Assise, et malgré la reconnaissance de ses Stigmates par la papauté, le franciscanisme fut considéré comme une hérésie par de nombreux représentants des Ordres traditionnels, et ce jusqu'au XVIIème siècle[7] (période où s'éteignirent les *Tentations*); c'est pourquoi les tenants de ces Ordres opposèrent l'exemple des Pères du désert à celui de saint François et de ses imitateurs, qu'ils considéraient comme de vulgaires mystificateurs[8]. Ce débat fut beaucoup plus important que l'on ne peut se l'imaginer aujourd'hui; le meilleur exemple en sont peut-être les textes du célèbre mystique allemand Heinrich Suso[9].

Il est donc important de relever que l'iconographie antonite se développa à partir de l'Italie[10], pays d'origine de la franciscaine[11], où celle-ci resta cantonnée[12]; de plus, l'iconographie antonite prit naissance au XIVème siècle, quand la franciscaine disparut, et se développa uniquement dans les pays où le débat sur les Stigmates fut largement répandu; en effet, dans les pays qui intégrèrent tout de suite le culte de saint François (comme l'Espagne) ou le rejetèrent directement (comme l'Angleterre)[13], l'iconographie antonite est quasiment inexistante.

Saint François d'Assise, père d'Antoine

La belle *Tentation* des *Heures de Louis de Laval*, délaissée par l'histoire de l'art, montre bien que l'immixtion d'Antoine dans une iconographie d'origine franciscaine a pour but de "phagocyter" le mythe de saint François.

Il faut en effet se demander pourquoi le saint est représenté dans une cheminée. Certes, à la fin du Moyen Age, on croyait qu'Antoine guérissait le mal des ardents, forme d'ergotisme due aux céréales, aussi appelée *feu sacré* car elle provoquait des brûlures aux pieds et aux mains[14] ; comme elle était très répandue et que les pouvoirs prophylactiques d'Antoine contre elle semblaient avérés, elle porta même le nom de *feu de saint Antoine*, et de nombreuses statues, sortes d'ex-voto collectifs, représentèrent le saint les pieds ou les mains en feu[15]. Cependant, cette explication n'est pas suffisante, car dans les *Heures*, Antoine a non seulement les pieds en flammes, mais son corps tout entier est dans la cheminée.

Frédérick Tristan pense que l'âtre de la *Tentation* des *Heures* est "*la maison du Père, réchauffée par le feu de l'Esprit*"[16]. En effet, au chapitre 5 de la *Vita*, seul passage où le saint se trouve confronté à une femme[17], il est dit qu'Antoine, pour parer aux propositions séduisantes du démon de la fornication: "*mettant le Christ en son coeur, méditant sur la noblesse qui vient de lui, sur la spiritualité de l'âme, éteignait le tison de la tromperie du démon. (...) (Qu'il) se mettait dans le coeur la menace du feu et le tourment du ver* (le Christ)"[18]. Ainsi, l'enluminure semblerait correspondre de façon emblématique à la description de saint Athanase. L'iconographie ne nous a-t-elle pas appris à considérer le jet de flammes, contenu ou non dans un récipient, comme le "*feu céleste*" de l'*Amor*

Dei[19]?

Mais en fait, c'est dans le chapitre 23 des *Fioretti*, compilées entre la fin du XIIIème et le début du XIVème siècles (les dates ne sont pas sûres)[20], qu'il faut chercher l'origine de cette *Tentation*.

Dans ce chapitre, le Sultan, converti par saint François, lui permet d'aller colporter le message évangélique dans tout son royaume:

"*Ayant donc reçu cette généreuse permission, saint François envoya deux à deux les compagnons qu'il avait choisis, dans les diverses régions des Sarrazins pour y prêcher la foi du Christ; et avec l'un d'eux il choisit un pays, et quand il y arriva il entra dans une auberge pour se reposer. Or il y avait là une femme très belle de corps mais d'une âme sordide, et cette femme maudite incita saint François à pécher. Saint François lui dit: "J'accepte, allons au lit"; et elle le mena dans sa chambre. Saint François dit: "Viens avec moi, je te mènerai à un lit beaucoup plus beau." Et il l'amena à un très grand feu qui se faisait dans cette maison; et en ferveur d'esprit il se dépouilla tout nu et se jeta à côté de ce feu sur le foyer embrasé; et il invita cette femme à se dépouiller et à aller s'étendre avec lui sur ce beau lit de plume. Et comme il demeura longtemps ainsi, le visage joyeux, ne brûlant pas, ne noircissant nullement, cette femme, épouvantée par ce miracle et touchée de componction dans son coeur non seulement se repentit de son péché et de son intention perverse, mais se convertit même parfaitement à la foi du Christ, et devint d'une telle sainteté que par elle beaucoup d'âmes se sauvèrent dans ce pays"*[21].

Les tentatrices et Pandore, sorcières et sorcellerie

La *Tentation* des *Heures* révèle une thématique importante de l'iconographie antonite; il s'agit de celle de la conversion ou de la femme (la tentatrice), principale bénéficiaire des miracles d'Antoine dans la *Vita*, miracles qui amènent Tristan à conclure au féminisme du saint et à identifier les tentatrices à des succubes[22]. Cependant, nous donnerions un autre sens à ces miracles; en effet, les tentatrices ne sont ni des femmes ni des succubes (ceux-ci ne sont jamais figurés sous forme humaine), mais des *représentations* (certaines sont les déesses du Jugement de Pâris, les trois Grâces, d'autres les Parques, des sorcières, une *Eva Pandora* ouvrant sa boîte[23],...).

De nombreuses tentatrices sont coiffées de bois de cerf ou d'un croissant de lune; or, à la fin du Moyen Age et à la Renaissance, les bois de cerf étaient les "attributs" des sorcières[24] et des satyres[25], personnages du sabbat[26], et le croissant de lune celui de Diane[27], qui, sous la forme d'Hécate, présidait le sabbat; de plus, les *Tentations* féminines se multiplient à partir du XVIème siècle[28], quand la sorcellerie devient un phénomène de société (les *Tentations* démoniaques disparaissant peu à peu[29]).

D'autre part, beaucoup de tentatrices tiennent à la main un hanap, comme Pandore la pyxis[30] ou la Prostituée de l'*Apocalypse* le vase. La multiplication des tentatrices au hanap se base d'ailleurs sur un amusant jeu de circonstances économiques; l'orfèvrerie se développant aux XVème-XVIème siècles en France, en Allemagne et en Flandres, la vaisselle de table devint une marque de richesse[31] et de goût, les hanaps en forme de fruit se multiplièrent[32], et furent donc représentés dans les *Tentations*, puisque, comme on l'a dit, celles-ci étaient le fait d'une société riche et savante.

Toujours est-il que la ressemblance iconographique entre Pandore et les tentatrices fait apparaître ces dernières comme des représentations de la "*femina malefica*"[33] c'est-à-dire l'"*essence*", au sens spinozien, de la femme, "fille d'Eve"[34].

Il semble donc que, conformément aux *Evangiles* et en tant que parèdre du Christ, à l'instar de Job[35] (la croix apparaît toujours emblématiquement dans les *Tentations*), Antoine soigne les plus nécessiteux et les plus éloignés de Dieu: les femmes, qui, depuis les premiers temps chrétiens jusqu'à la fin du Moyen Age, sont rendues responsables de la Chute et considérées comme les suppôts de Satan[36].

Quelques exemples de *Tentations* par des femmes

De fait, la plupart des *Tentations* par des femmes représente saint Antoine entouré d'animaux, qui, pour certains, sont les péchés capitaux, ou les Vices et les Vertus. Celle de 1547 de Peter Huys (fig. 1) montre une sirène qui tend un plateau à Antoine; la sirène est présentée par une vieille femme tenant une quenouille et ayant une chouette sur l'épaule. Cette vieille camériste est endémique dans les *Tentations*; accompagnée de la chouette, et s'y identifiant parfois (comme dans celle de Jan Mandyn), elle représente Atropos (la chouette étant l'attribut de cette Parque).

Dans la *Tentation* de Huys, comme l'écrit Tristan[37], la sirène tend à Antoine les symboles de sa virilité; mais, plus profondément, le sacrifice du taureau est le symbole des rites mithriaque et isiaque[38], qui sont très proches et perdurent à la fin du Moyen Age[39]. De même, ce sacrifice renvoie au *Lévitique*, **7,** 1-6:

"Voici le rituel du sacrifice de réparation: c'est une chose très sainte. On immolera la victime là où l'on immole les holocaustes et le prêtre en fera couler le sang sur le pourtour de l'autel. Puis il en offrira toute la graisse: la queue, la graisse qui couvre les entrailles, les deux rognons, la graisse qui y adhère ainsi qu'aux tombes, la masse graisseuse qu'il détachera du foie et des rognons. Le prêtre fera fumer ces morceaux à l'autel comme mets consumés pour Yavhé. C'est un sacrifice de réparation: tout mâle parmi les prêtres en pourra manger. On en mangera dans un lieu sacré, c'est une chose très sainte"[40].

Ainsi, comme le retable d'Issenheim (très bien étudié par Ruth

Mellinkoff[41]), la *Tentation* de Huys est une réflexion sur l'hérésie (et plus précisément une mise en cause des rites israélites[42], identifiés par Huys aux rites païens, qui sévissaient encore fortement à la fin du Moyen Age[43], ce qui, comme on le sait, obligea l'Eglise à avoir une attitude de plus en plus sévère pour y pallier[44]).

La *Tentation* de Jan de Cock (fig. 2), quant à elle, représente le saint et la tentatrice séparés par une arcature circulaire, et, au second plan, par une croix qui trône sur une table (référence probable à l'eucharistie, c'est-à-dire au rite chrétien[45]).

L'arcature circulaire est décorée de trois *oculi* (leur nombre rappelant celui des hypostases de la Trinité) à encadrement carré (le cercle, bien sûr, représente le divin, et le carré, contenu dans le cercle de l'arcature, le terrestre).

Ainsi, l'arcature, qui se sert du symbolisme des cinq corps platoniciens[46], représente le passage dans la dimension du divin, dimension où se trouve Antoine, séparé de la tentatrice-Pandore, qui lui tend, en forme d'offrande, le vase des maux de l'humanité. Les deux colonnes, rappelant celles du temple de Salomon, symbolisent, comme l'arcature, le passage du terrestre au divin, et donc la présence divine[47].

Ainsi, dans cette *Annonciation* "à l'envers"[48] (en effet, la tentatrice a la position de l'archange, et saint Antoine celle de Marie, en outre, les colonnes rappellent celle de l'*Annonciation*, symbole christique traditionnel[49]), saint Antoine apparaît, comme dans l'*Ars moriendi*, en tant que médiateur entre Dieu et les hommes, en tant que parèdre du Christ et saint thaumaturge aux pouvoirs apotropaïques. (Si dans les *Annonciations*, l'espace entre Marie et l'ange est celui qui sépare le divin et le terrestre, ici, l'espace entre le saint et la tentatrice sert à marquer les réticences d'Antoine, et consécutivement, l'opposition entre le divin et le diabolique.)

L'offrande et le péché

Cette dernière *Tentation* permet de noter que les tentatrices offrent toujours quelque chose à Antoine, voire même, comme dans la *Tentation* de Huys, sont offertes au saint par une vieille camériste. Dans la *Tentation* de Metsys et Patinir (fig. 3) par exemple, les tentatrices, qui évoquent les trois déesses du Jugement de Pâris[50], offrent à l'anachorète la pomme, qui, au Moyen Age, était une offrande amoureuse et un cadeau de mariage[51].

On voit donc bien ici résurger, dans ce symbolisme amoureux (qui se combine avec celui habituellement macabre de la pomme[52]), l'idée d'une "psychomachie", d'une bataille entre le Bien, Antoine, et le démon, la femme, moderne Pandore[53], image de la tentation infernale et de la chute originelle[54].

Suivant cette logique, Patinir a donc mis à l'arrière-plan une sorte de *Narrenschiff*, directement inspirée du tableau de Bosch. De même, dans la plupart des *Tentations*, une grande architecture brûle dans le fond; ces architectures représentent, selon toute vraisemblance, la chute du paganisme, et la fin de ce que les grands mystiques comme Savonarole ou les écrivains comme Boccace appelèrent l'"*iniquité des temps modernes*", vaincus par la Foi et la Chrétienté en la personne de saint Antoine.

Le fait qu'on puisse trouver saint Antoine indifféremment en butte soit aux Trois Grâces, soit aux déesses du Jugement de Pâris, s'explique plus précisément encore, dans le sens du débat théologique entre vie active et vie contemplative. En effet, les Trois Grâces ("*Beauté inclin*(ant) *Chasteté à l'Amour*"[55]) ne faisant, pour l'orphisme puis les néoplatoniciens, que déployer de l'unicité de Vénus[56], elles s'associent communément à leur déesse tutélaire[57], et peuvent également se retrouver accompagnées de Mercure en tant que symbole de la Concorde[58]. Or les déesses du Jugement de Pâris symbolisent respectivement, comme les Grâces, pour l'iconographie et la pensée de la Renaissance, les trois types de vies: active, contemplative, et amoureuse, et le choix de Pâris est le premier pas vers l'apparition de la Concorde dans la discorde, qui conseille en un discours moral, même si dialectique, parfaitement organisé, au héros "*de suivre une ligne d'action revenant à subordonner son plaisir à ses devoirs"*[59].

Seul contre les démons (qui, par la multiplication des personnages secondaires, comme dans les *Tentations* de Bosch, deviennent symboliquement "légions"), saint Antoine est donc l'image du soldat chrétien, de l'Eglise combattante, comme le sera plus tard François Ier dans certaines images propagandistes[60].

De fait, et ceci est particulièrement sensible par l'adjonction d'une "*Nef des fous*" dans le tableau de Metsys et Patinir, le saint apparaît comme un *exemplum*; dans les *Tentations*, la référence fréquente au destin des hommes fait de ce type iconographique une sorte d'individuation des *Tentations* du chrétien, et d'Antoine un guide mystique pour ne pas y succomber (on se souvient qu'il intervient dans l'*Ars*).

Saint Antoine *miles christianus*

Mais une étude des *Tentations de saint Antoine* ne serait pas complète si l'on ne traitait pas des *Tentations* par les démons, et notamment de celle de Schongauer.

En effet, des personnalités aussi diverses que Nikolaus Manuel Deutsch, Lucas Cranach, Bosch, ou Michel-Ange[61], s'inspirant de Schongauer, firent des *Tentations* aux enlèvements démoniaques circulaires; une telle floraison de *Tentations* cycliques invite à s'interroger sur leur origine mystique.

Dans la *Tentation* de Schongauer, l'ermite parfaitement impassible est emporté en l'air par des succubes (démons femelles), reconnaissables à leurs parties génitales et leurs seins proéminents.

Cependant, ni les *Vitae Patrum* (Vème s.), ni la *Vita Antonii*, ni *La*

Légende Dorée ne racontent un quelconque enlèvement démoniaque d'Antoine[62]. Mais les trois récits relatent une attaque terrestre des démons, qui laissent toujours le saint pour mort (cette scène est d'ailleurs représentée par Bernard Parentino, dans sa *Tentation*, fig. 4).

Dans les *Vitae*, la scène se passe dans le palais d'une reine démoniaque[63], et dans une grotte pour les deux autres récits. C'est pourtant dans la *Vita Antonii*[64] qu'il faut chercher la source de la *Tentation* de Schongauer; l'élément rocheux, en bas à droite de la gravure, situe la scène dans la troisième partie du récit d'Athanase, la "*montagne intérieure*", où Antoine voit d'abord l'âme du grand saint Amoun le Nitriote emportée par les anges (chap. 60), puis sa propre élévation angélique (chap. 65).

Au chapitre 65, il s'oppose aux

démons qui veulent empêcher son extase:

"*Il faisait donc surtout cette exhortation: C'est pourquoi prenez l'armure de Dieu, afin de pouvoir résister aux jours mauvais (Eph. VI, 13), en sorte que l'adversaire soit dans la confusion: n'ayant aucun (mal) à dire de nous (Tit., II, 8)*"[65]. Cette attitude militante se confond avec celle, antérieure, du saint à la grotte (chap. 9), lorsqu'il provoque les démons: "*Si vous pouvez, si vous avez reçu pouvoir* (il faut comprendre de Dieu) *contre moi, ne tardez pas, attaquez. Si vous ne pouvez pas, pourquoi vous déranger en vain? Notre foi au Seigneur est notre mur de protection*"[66].

Il n'est donc pas étonnant que les deux épisodes (chap. 8-10 et 65) interfèrent pour finalement se confondre dans l'iconographie.

Le premier ouvre le livre d'Athanase, le second le clôt; les deux synthétisent donc l'ascension d'Antoine jusqu'à Dieu, par le biais de l'érémitisme. Les deux épisodes de la *Vita* sont en effet, comme le montrent les passages cités, très proches textuellement, et de plus, sont les moments les plus culminants du combat psychomachique. Le reste de l'ouvrage relate aussi bien la vie quotidienne que l'enseignement dispensé par Antoine, mais aux chapitres 8-10 et 65, le saint affronte corporellement les démons, qui dans les deux cas s'opposent férocement à sa communion avec la divinité. Mais ils sont toujours mis en déroute par sa foi.

En fait, le schéma se rapproche de celui de l'*Ars*: 1/ offensive des démons; 2/ intervention angélique; 3/ déroute des démons. Il ne faut donc pas s'étonner que, s'inspirant aussi du texte de Voragine, où le Christ apparaissant "*dans une clarté admirable qui mit en fuite les démons*" vient sauver Antoine de leurs griffes[67], Schongauer ait emprunté un plan identique, en assimilant les deux passages de la *Vita*.

Là encore, à l'instar de Job ou du mourant de l'*Ars*[68], Antoine, impavide dans la gravure de Schongauer, représente le "*Miles Christianus*", l'Eglise militante; il illustre la fidélité (*Fides*) au Christ[69]. Les auteurs du catalogue de la récente exposition de Colmar sur Schongauer écrivent d'ailleurs:

"Il s'agit de présenter le saint comme modèle de sérénité et d'abnégation devant les attaques les plus effrayantes des démons. Modèle donc pour tous les fidèles puisque les êtres infernaux peuvent aussi bien signifier les attaques des maladies[70] que toutes les tribulations de la vie"[71].

Mais surtout, Antoine, qui dans la gravure est au centre d'un cercle, formé par les démons qui l'entourent, reste indifférent aux turpitudes du monde, appelées à la fin du Moyen Age la "*cacophonie des temps modernes*". Il est donc au centre de la création, uni à Dieu. *La Tentation* de Schongauer est l'illustration parfaite de l'*Unio Mystica*.

En effet, comme tous les artistes de la fin du Moyen Age et de la Renaissance, Schongauer connaissait parfaitement le thème platonicien de l'*Unio divina*, repris par Pseudo-Denys[72] (482-530 ap. J.C.) et à sa suite par toute la Grande Mystique, de saint François d'Assise à Suso, en passant par Hildegarde de Bingen, maître Eckhart, Thomas a Kempis dans *L'Imitation de N.S. Jésus Christ,*[73] ...

Le texte de Pseudo-Denys est sans doute la meilleure illustration de la gravure de Schongauer. Pseudo-Denys considère le centre du cercle comme "l'Unité Principielle"; les démons de Schongauer en formant eux-mêmes les extrémités créent les tensions qu'il décrit:

"*Au centre du cercle tous les rayons coexistent dans une unique unité et un seul point contient en soi toutes les lignes droites, volontairement unifiées les unes par rapport aux autres et toutes ensemble par rapport au principe unique duquel elles procèdent toutes. Au centre même, leur unité est parfaite; si elles s'en écartent un peu, elles se distinguent un peu; si elles s'en séparent davantage, elles se distinguent davantage. Bref, dans la mesure où elles sont plus proches du centre, par là même leur union mutuelle est plus intime, dans la mesure où elles sont plus éloignées de lui, la différence augmente entre elles"*[74].

La *Tentation de saint Antoine* ou la tentation de la Religion

En fait, par-delà les divergences, ce qui frappe dans les *Tentations*, c'est leur extraordinaire unité de pensée; même si leur iconographie se divise en trois grandes périodes (le combat terrestre avec les démons et l'enlèvement démoniaque aux XIVème-XVème siècles, et la tentation par des femmes aux XVIème-XVIIème siècles), il est évident que les *Tentations* ont toujours soutenu le combat de l'Eglise contre les manifestations temporelles du démon[75], qu'il s'agisse de l'"hérésie" des Ordres mendiants ou, plus tard, (avec les

Tentations féminines) de la sorcellerie, qui était, comme on l'a dit, essentiellement féminine[76].

Ce militantisme des *Tentations* n'est pas surprenant; d'abord, parce qu'il est intrinsèque à la *Vita Antonii* elle-même; en effet, Athanase l'a écrite alors qu'il était en exil, et l'a conçue comme un véritable plaidoyer contre l'arianisme (cause de cet exil)[77]. Ensuite, parce que les Pères fondateurs ont toujours servi de modèles à l'Eglise; il est donc normal que le "Père des moines" (saint Antoine) ait été le "fer de lance" des combats ecclésiastiques de la fin du Moyen Age.

En conclusion, on peut dire que l'histoire de l'art ne doit plus aujourd'hui se contenter de rapprocher les *Tentations* des manifestations de l'art macabre ou des représentations démoniaques de Bosch et de Bruegel[78], mais doit y voir la possibilité irremplaçable d'étudier une époque à travers ses moeurs, et surtout sa pensée (ici religieuse).

III/ EVOLUTION DE L'ICONOGRAPHIE DE SAINT ANTOINE EN EUROPE

Nota Bene: Le tableau suivant a été réalisé à partir des ouvrages de H. Chaumartin, L. Réau, F. Tristan, et *La beauté du Diable* de R. Villeneuve, ainsi qu'à partir de *Tout l'oeuvre peint de J. Bosch*, Paris, Flammarion, 1967, de *L'Icône - Images de l'Invisible - Eléments de théologie, esthétique et technique* d'Egon Sendler, Paris, Desclée De Brouwer, 1981, et du volume 376. 77, section 93, du fonds Massier de la bibliothèque des Arts Décoratifs de Paris.

De plus,dans la mesure du possible, le nom des oeuvres ne comprenant pas de *Tentation de saint Antoine* a été mis en gras.

41

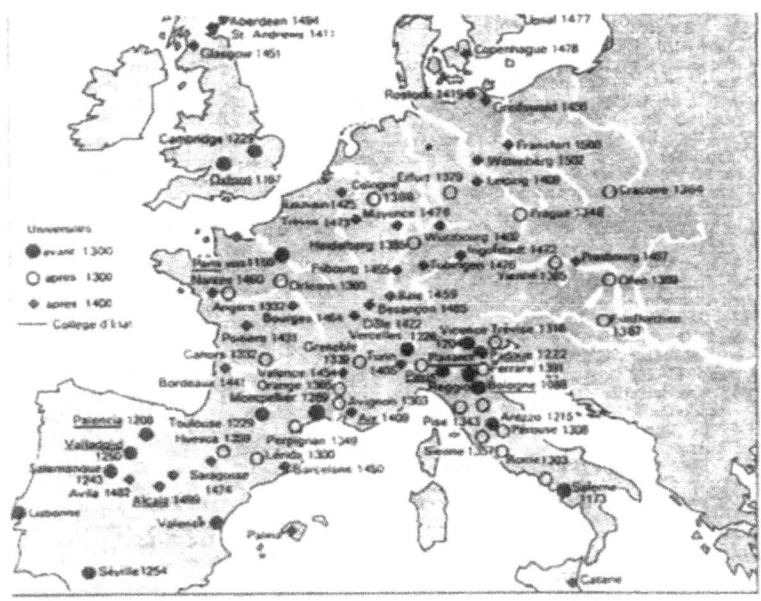

Les Universites jusqu'au XV⁺ siècle

schéma 1

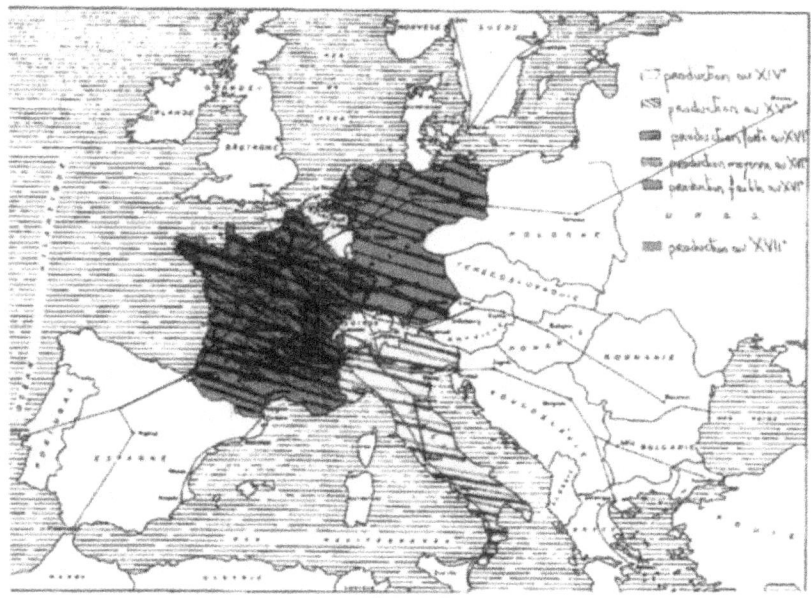

schéma 2

IV / *LA TENTATION DE SAINT ANTOINE* DE MARTIN SCHONGAUER ET LA GRANDE MYSTIQUE

Faisant suite aux récentes expositions de Cambridge et de Colmar[1], celle du Petit-Palais sur Martin Schongauer, programmée à l'occasion du cinq-centième anniversaire de sa mort, invite à réfléchir sur la signification réelle de la plus célèbre de ses gravures, *La Tentation de saint Antoine* (conservée au Cabinet des Estampes de la Bibliothèque Nationale, fig. 1), réalisée avant 1473 et qui ne représente pas un combat terrestre, mais un enlèvement démoniaque.

L'ermite parfaitement impassible est emporté en l'air par des succubes (démons femelles), reconnaissables à leurs parties génitales et leurs seins proéminents.

L'iconographie des *Tentations* se divise en trois: aux XIVème-XVème siècles: le combat terrestre avec les démons et l'enlèvement démoniaque;

Aux XVIème-XVIIème siècles, la tentation par des femmes.

Cependant, ni les *Vitae Patrum* (Vème s.), ni la *Vita Antonii* de saint Athanase (IVème s.), ni *La Légende Dorée* du dominicain Jacques de Voragine (vers 1260) ne racontent un quelconque enlèvement démoniaque d'Antoine[2]. Mais les trois récits relatent une attaque terrestre des démons, qui laissent toujours le saint pour mort.

Dans les *Vitae*, la scène se passe dans le palais d'une reine démoniaque[3], et dans une grotte pour les deux autres récits.

C'est pourtant dans la *Vita Antonii*[4] qu'il faut chercher la source de la *Tentation* de Schongauer.

L'élément rocheux, en bas à droite de la gravure, situe la scène dans la troisième partie du récit d'Athanase, la "*montagne intérieure*"[5], où Antoine voit d'abord l'âme du grand saint Amoun le Nitre te emportée par les anges (chap. 60), puis sa propre élévation angélique (chap. 65).

Au chapitre 65, il s'oppose aux démons qui veulent empêcher son extase:

"*Il faisait donc surtout cette exhortation: C'est pourquoi prenez l'armure de Dieu, afin de pouvoir résister aux jours mauvais (Eph. VI, 13), en sorte que l'adversaire soit dans la confusion: n'ayant aucun (mal) à dire de nous (Tit., II, 8)*"[6].

Cette attitude militante se confond avec celle, antérieure, du saint à la grotte (chap. 9), lorsqu'il provoque les démons: "*Si vous pouvez, si vous avez reçu pouvoir* (il faut comprendre de Dieu) *contre moi, ne tardez pas, attaquez. Si vous ne pouvez pas, pourquoi vous déranger en vain? Notre foi au Seigneur est notre mur de protection*"[7].

Il n'est donc pas étonnant que les deux épisodes (chap. 8-10 et 65) interfèrent pour finalement se confondre dans l'iconographie.

Le premier ouvre le livre d'Athanase, le second le clos; les deux synthétisent ainsi l'ascension d'Antoine jusqu'à Dieu, par le biais de l'érémitisme. Les deux épisodes de la *Vita* sont en effet, comme le montrent les passages cités, très proches textuellement, et de plus, sont les moments les plus culminants du combat psychomachique. Le reste de l'ouvrage relate aussi bien la vie quotidienne que l'enseignement dispensé par Antoine, mais aux chapitres 8-10 et 65, le saint affronte corporellement les démons, qui dans les deux cas s'opposent férocement à sa communion avec la divinité. Mais ils sont toujours mis en déroute par la foi du saint.

En fait, le schéma se rapproche de celui de l'*Ars*: 1/ offensive des démons; 2/ intervention angélique; 3/ déroute des démons. Il ne faut donc pas s'étonner que, s'inspirant aussi du texte de Voragine où le Christ, apparaissant *"dans une clarté admirable qui mit en fuite les démons"*, vient sauver Antoine de leurs griffes[8], Schongauer est emprunté un plan identique, en assimilant les deux passages de la *Vita*.

A l'instar de Job ou du mourant de l'*Ars*[9], Antoine, impavide dans la gravure de Schongauer, représente le *"Miles Christianus"*, l'Eglise militante; il illustre la fidélité (*Fides*) au Christ[10]. Les auteurs du catalogue de l'exposition de Colmar écrivent d'ailleurs:

"Il s'agit de présenter le saint comme modèle de sérénité et d'abnégation devant les attaques les plus effrayantes des démons. Modèle donc pour tous les fidèles puisque les êtres infernaux peuvent aussi bien signifier les

attaques des maladies[11] *que toutes les tribulations de la vie"*[12].

Dans la gravure, Antoine est au centre d'un cercle, formé par les démons qui l'entourent. Indifférent aux turpitudes du monde, qu'à la fin du Moyen Age on appelait la *"cacophonie des temps modernes"*, Antoine, uni à Dieu, est au centre de la création. *La Tentation* de Schongauer est donc l'illustration parfaite de l'*Unio Mystica*.

En effet, comme tous les artistes de la fin du Moyen Age et de la Renaissance, Schongauer connaissait parfaitement le thème platonicien de l'*Unio divina*, repris par Pseudo-Denys[13] (482-530 ap. J.C.) et à sa suite par toute la Grande Mystique, de saint François d'Assise à Suso, en passant par Hildegarde de Bingen, maître Eckhart, Thomas a Kempis dans *L'Imitation de N.S. Jésus Christ,*[14]...

Le texte de Pseudo-Denys est sans doute la meilleure illustration de la gravure de Schongauer. Pseudo-Denys considère le centre du cercle comme "l'Unité Principielle"; les démons de Schongauer en formant eux-mêmes les extrémités créent les tensions qu'il décrit:

"*Au centre du cercle tous les rayons coexistent dans une unique unité et un seul point contient en soi toutes les lignes droites, volontairement unifiées les unes par rapport aux autres et toutes ensemble par rapport au principe unique duquel elles procèdent toutes. Au centre même, leur unité est parfaite; si elles s'en écartent un peu, elles se distinguent un peu; si elles s'en séparent davantage, elles se distinguent davantage. Bref, dans la mesure où elles sont plus proches du centre, par là même leur union mutuelle est plus intime, dans la mesure où elles sont plus éloignées de lui, la diffplence augmente entre elles*"[15].

Après Schongauer, Nikolaus Manuel Deutsch, Lucas Cranach, Bosch,... firent des *Tentations* aux enlèvements démoniaques circulaires; certains autres reproduisirent même cette forme dans les *Tentations* terrestres (Bernard Parentino à la Galerie Doria, Rome) ou féminines (Joachim Patinir et

Quentin Metsys au Prado). Selon Vasari, Michel-Ange (entre autres) aurait été jusqu'à copier celle de Schongauer[16]. Une telle floraison de *Tentations* cycliques prouve leur origine mystique.

Au même titre que l'*Ars moriendi*, la *Tentation* de Schongauer, et l'on peut donc élargir cette conclusion à l'ensemble des *Tentations de saint Antoine* de la fin du Moyen Age, est une image didactique qui montre au chrétien la voie à suivre pour arriver à la béatitude; à savoir l'abstinence, la contrition et la retraite du monde où tout n' est que turpitudes, symbolisées par l'indiscipline des démons qui s'oppose au calme du saint. Pour reprendre la phrase de Charles de Tolnay, les *Tentations de saint Antoine* et celle de Schongauer en particulier sont donc "*une image de la totalité du monde livré à la fascination du Mal, en même temps* (qu') *un diagramme de l'âme humaine placée entre les tentations de la chair et l'aspiration vers le salut*"[17].

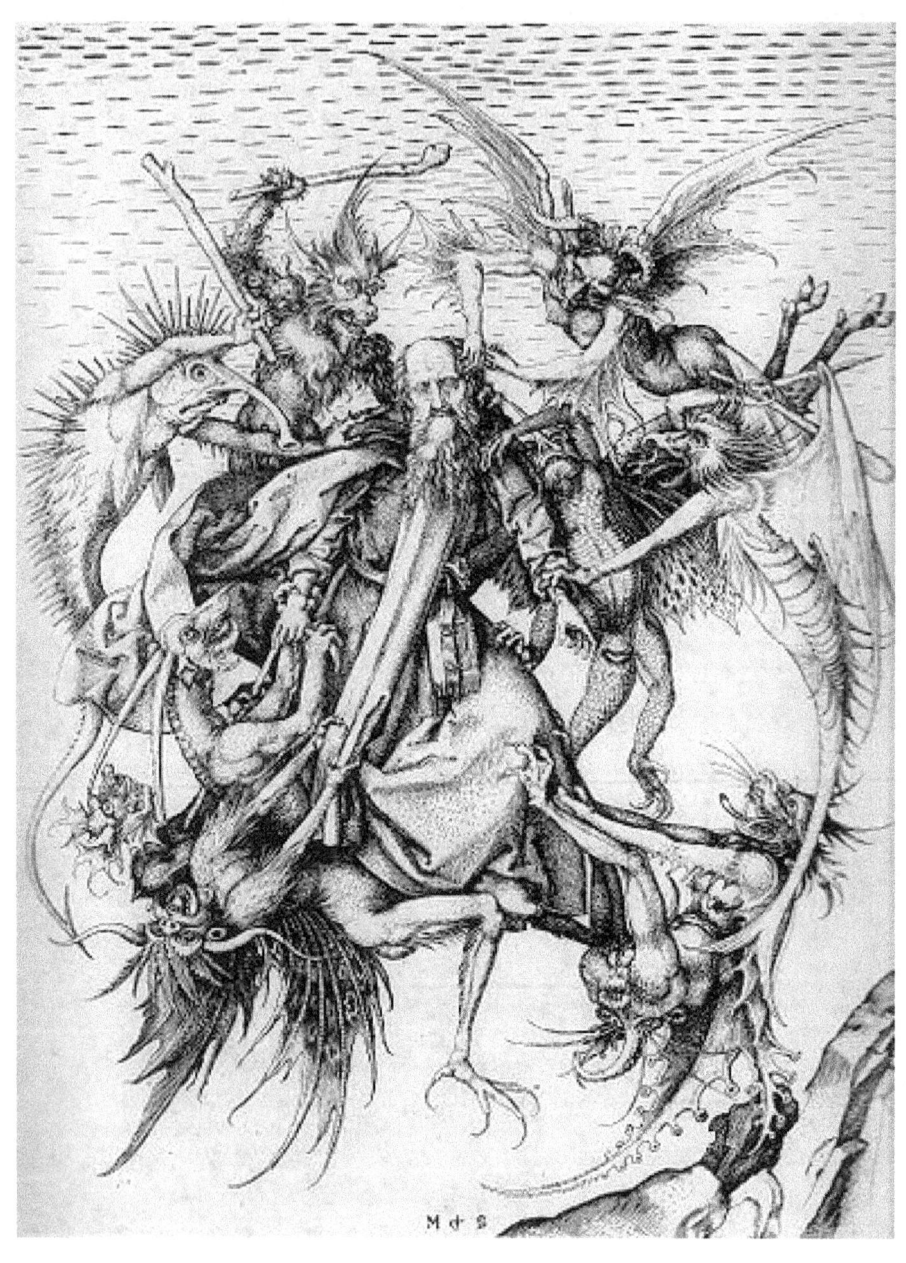

V/ SOURCE ICONOGRAPHIQUE DE LA *TENTATION DE SAINT ANTOINE* DES *HEURES DE LOUIS DE LAVAL*

On trouve dans les *Heures de Louis de Laval* une très belle *Tentation de saint Antoine* (fig. 1, fol. 282), qui, il faut bien le dire, a été totalement délaissée par l'histoire de l'art. Encadrée, comme on pouvait s'y attendre, par un linteau et deux colonnes corinthiennes sculptés de divers *Amours* dans des poses de jeu, elle représente un riche intérieur avec à droite un lit à baldaquin où une jeune femme invite l'ermite. Celui-ci, stoïque, s'est réfugié dans la cheminée; il garde la paume ouverte vers l'extérieur dans un geste de refus apotropaïque ("*Vox De Celo Ad Anthonium Facta*" dit le texte).

On sait que les *Tentations* féminines se multiplient à partir du XVIème s.[1], les *Tentations* démoniaques disparaissant peu à peu². Dès à présent, deux remarques peuvent être faites; d'abord, la tentatrice des *Heures* est seule, alors que dans les oeuvres comme celles de Peter Huys, Joachim Patinir, Lucas Cranach ou Jacques Callot, il y a multiplication des personnages secondaires. De plus, la scène des *Heures* se passe en intérieur, alors que généralement, les *Tentations* féminines sont en extérieur. On ne peut certes pas en tirer de conclusions trop hâtives, mais cela invite à s'interroger sur l'atypisme de la *Tentation* des *Heures*.

a) La chambre: mythe et symboles

Tout d'abord, il faut noter que la chambre des *Heures* est similaire en tous points à celle du fol. 62 v. du manuscrit contemporain de *L'Ystoire de Merlin* (ms. fr. 96, XVème s., B.N., fig. 2).

Dans ce manuscrit, les diables veulent se venger du Christ et, en référence à la descente aux limbes des

Actes de Pilate[3], envoient un démon sur terre pour forniquer avec une mortelle. De leur union naîtra un diable, Merlin[4]. C'est ce qu'illustre le fol. 62 v.

On pourrait citer, en contrepoint des enluminures des *Heures* et de *L'Ystoire de Merlin*, le célèbre portrait des *Epoux Arnolfini* (1434) par Jan Van Eyck.

Le thème de la chambre est récurrent à la fin du Moyen Age; elle symbolise le lieu à prendre, comme le palais de Fortune dans *Le Roman de Fauvel* (vers 1310-1314)[5] de Gervais Du Bus ou le château de la reine démoniaque où saint Antoine est conduit dans les *Vitae Patrum*[6] (Vème s.) par exemple.

C'est une forteresse et le miroir de l'âme[7]. Selon les cas, le chrétien doit l'arracher au diable (comme, implicitement, dans l'enluminure de *L'Ystoire de Merlin*) ou la protéger contre les attaques démoniaques (comme dans la chambre du mourant de l'*Ars* ou pour *Le Château intérieur* de 1577 de sainte Thérèse d'Avila).

Ainsi la Vierge a pu être identifiée à un "*Mur indestructible*"[8] ou à un "*jardin clos*" auquel s'oppose, par exemple, le *Jardin des délices* de 1503-1504 de Bosch qui illustrerait soit les pratiques adamistes[9], soit les bains, lieux mal famés de prostitution.

Ruth Mellinkoff, dans son excellent ouvrage de 1988 intitulé *The Devil at Isenheim*, montre que le célèbre retable de Grünewald (dont la *Tentation* est non moins fameuse) illustre une telle opposition entre la marialité et la représentation de la luxure[10].

A la fin du Moyen Age, le combat

contre l'enfantement démoniaque est un point crucial du discours religieux (comme le confirme la lecture du *Malleus Maleficarum* de 1486 des dominicains Institoris et Sprenger)[11].

Il semble ainsi évident que le thème sous-jacent de l'enluminure des *Heures* est celui de la procréation maléfique.

b) Antoine dans le feu

Cela conduit à se demander ce qu'Antoine fait dans une cheminée. A la fin du Moyen Age, on croyait qu'il guérissait les maladies contagieuses comme la peste, la syphilis, et surtout le mal des ardents. Ce dernier, forme d'ergotisme due aux céréales, provoquait des brûlures aux pieds et aux mains[12]. C'est pourquoi il fut aussi appelé *feu sacré*. Comme il était très répandu dans le peuple et que les pouvoirs prophylactiques d'Antoine contre lui semblaient avérés, il porta même le nom de *feu de saint Antoine*, et de nombreuses statues, sortes d'ex-voto collectifs, représentèrent le saint les pieds ou les mains en feu[13].

Cependant, cette explication n'est pas suffisante, car dans les *Heures*, il a non seulement les pieds en flammes, mais son corps tout entier est dans la cheminée.

De plus, s'il est vrai comme le souligne Tristan[14], que la *Tentation* des *Heures* fait penser à un vitrail de Chartres[15] (XIIIème s.) qui représente saint Antoine se réchauffant devant une vaste cheminée à hotte, pendant qu'une femme personnifiant la Luxure s'approche de lui un miroir à la main, il est évident que le vitrail reprend l'iconographie du mois de Janvier[16], ce qui n'est pas le cas de la *Tentation* des *Heures*[17].

c) Les *Tentations* et la Grande Mystique

Tristan reconnaît dans l'âtre de la *Tentation* des *Heures* "*la maison du Père, réchauffée par le feu de l'Esprit*"[18].

En effet, au chapitre 5 de la *Vita Antonii*, seul passage où le saint se trouve confronté à une femme[19], il est dit qu'Antoine, pour parer aux propositions séduisantes du démon de la fornication: "*mettant le Christ en son coeur, méditant sur la noblesse qui vient de lui, sur la spiritualité de l'âme, éteignait le tison de la tromperie du démon. (...)* (Qu'il) *se mettait dans le coeur la menace du feu et le tourment du ver* (le Christ)"[20].

Ainsi, l'enluminure semblerait correspondre de façon emblématique à la description de saint Athanase. L'iconographie ne nous a-t-elle pas appris à considérer le jet de flammes, contenu ou non dans un récipient, comme le "*feu céleste*" de l'*Amor Dei*[21]?

d) Le thème franciscain dans la *Tentation*

Mais en fait, c'est dans le chapitre 23 des *Fioretti*, compilées entre la fin du XIIIème et le début du XIVème s. (les dates ne sont pas sûres)[22], qu'il faut chercher l'origine de la *Tentation* des *Heures*, dont la *Tentation de saint François* de Simon Vouet (fig. 3), qui illustre l'épisode, est formellement très proche.

Dans ce chapitre, le Sultan, converti par saint François, lui permet d'aller colporter le message évangélique dans tout son royaume:

"*Ayant donc reçu cette généreuse permission, saint François envoya deux à deux les compagnons qu'il avait choisi, dans les diverses régions des Sarrazins pour y prêcher la foi du Christ; et avec l'un d'eux il choisit un pays, et quand il y arriva il entra dans une auberge pour se reposer. Or il y avait là une femme très belle de corps mais d'une âme sordide, et cette femme maudite incita saint François à pécher. Saint François lui dit: "J'accepte, allons au lit"; et elle le mena dans sa chambre. Saint François dit: "Viens avec moi, je te mènerai à un lit beaucoup plus beau." Et il l'amena à un très grand feu qui se faisait dans cette maison; et en ferveur d'esprit il se dépouilla tout nu et se jeta à côté de ce feu sur le foyer embrasé; et il invita cette femme à se dépouiller et à aller s'étendre avec lui sur ce beau lit de plume. Et comme il demeura longtemps ainsi, le visage joyeux, ne brûlant pas, ne noircissant nullement, cette femme, épouvantée par ce miracle et touchée de componction dans son coeur non seulement se repentit de son péché et de son intention perverse, mais se convertit même parfaitement à la foi du Christ, et devint d'une telle sainteté que par elle beaucoup d'âmes se sauvèrent dans ce pays"[23].*

e) Antoine et les femmes

Le texte développe deux thèmes majeurs, qui se rencontrent chez les Pères. Le premier est que l'accession à la déité passe par l'abandon de soi et la souffrance[24], ce que stipule l'entrée dans le feu.

Le deuxième est la conversion ou

encore la femme, principale bénéficiaire des miracles d'Antoine dans la *Vita*. Miracles qui amènent Tristan à conclure au féminisme du saint et à identifier les tentatrices à des succubes[25].

S'il est vrai que les tentatrices[26] ne sont pas des femmes, mais des représentations (certaines figurent les déesses du Jugement de Pâris, d'autres les trois Grâces, les Parques, des sorcières, une *Eva Pandora* ouvrant sa boîte,...[27]), il faut noter que les incubes ou les succubes ne sont jamais représentés sous forme humaine; c'est le cas par exemple des succubes (reconnaissables à leurs sexes féminins) de la *Tentation* de Martin Schongauer ou de l'incube des différentes versions du *Cauchemar* de Füssli[28].

Aussi donnerions-nous un tout autre sens aux guérisons opérées par Antoine sur les femmes. Il semble en effet que, conformément aux *Evangiles* et en tant que parèdre du Christ[29] (à l'instar de Job), Antoine soigne les plus nécessiteux et les plus éloignés de Dieu: les femmes, qui, depuis les premiers temps chrétiens jusqu'à la fin du Moyen Age, sont rendues responsables de la Chute et considérées comme les suppôts de Satan[30].

La *Tentation de saint Antoine* des *Heures de Louis de Laval* pose donc des problèmes beaucoup plus complexes qu'il n'y paraît au premier abord. Elle montre une certaine conception de la féminité, par nature luxurieuse et maléfique[31] (phénomène social de l'époque, la sorcellerie était surtout pratiquée par les femmes[32]), ainsi que la contamination du thème franciscain sur l'iconographie antonite. Le dernier point est sans doute le plus intéressant, car le moins attendu, et, s'il est permis d'ouvrir plus largement le débat, obligerait sans doute à étudier moins sommairement le rapport franciscanisme/*Tentations*. En effet, l'iconographie antonite prend sa source au XIVème en Italie, pays et moment du déclin de la franciscaine[33]. La première se répand dans toute l'Europe, alors que la seconde ne sort pas des frontières de la péninsule. La *Tentation* est totalement absente des pays où le franciscanisme, et les Stigmates, furent soit rapidement intégrés (l'Espagne), soit rejetés brutalement, et restèrent parfaitement inconnus (l'Angleterre). En conséquence, on voit bien le thème souffrant (et macabre par contrecoup) poindre dans la *Tentation*, et la question se posera au chercheur de savoir si le développement de l'iconographie antonite n'est pas une réaction de l'Eglise traditionaliste contre la nouvelle spiritualité?

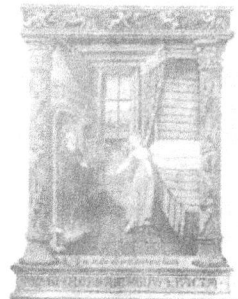
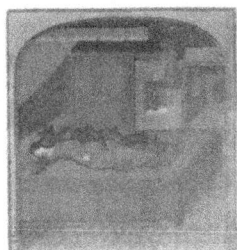
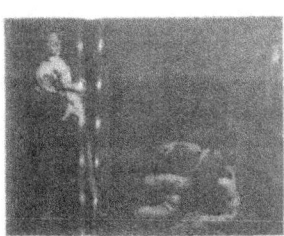

Fig. 1   Fig. 2   Fig. 3

VI/ LA *TENTATION DE SAINT ANTOINE* ET L'*ARS MORIENDI*

I - Les *Tentations de saint Antoine* sont-elles un art macabre?

Il paraît intéressant aujourd'hui de noter la relation sémantique que peuvent entretenir la *Tentation de saint Antoine* et l'*Ars moriendi* (fig. 1 à 3).

Mais auparavant, il nous semble devoir mettre en garde le lecteur contre la tendance habituelle, qui consiste à voir dans la *Tentation*, iconographie la plus développé de la fin du Moyen Age et de la Renaissance (après celle de saint François d'Assise), un thème purement macabre[1]. Nos propres travaux nous ont amenés à considérer que les *Tentations* sont, tout au contraire, un matériau religieux, intervenant dans la dispute entre les Ordres mendiants et les Ordres traditionnels[2]. C'est pourquoi il nous semble honnête de bien poser les limites de la comparaison que nous allons tenter d'ébaucher. Celle-ci n'implique qu'un lien épidermique entre les *Tentations* et l'*Ars*, qui peut très bien être compris comme circonstanciel (c'est-à-dire dû à la prégnance de l'art macabre à la fin du Moyen Age). Mais, *a contrario*, on ne peut en aucun cas, nous semble-t-il, vouloir sérieusement prétendre que, malgré leur aspect eschatologique, les *Tentations* relèvent en propre de l'art macabre.

En effet, l'iconographie des *Tentations*, sorte de réponse de l'Eglise traditionnelle aux nouveaux Ordres, vise, partout où elle s'est implantée, à supplanter celle de saint François. On notera ainsi que là où la question des Stigmates soit n'a posé aucun problème soit est resté complètement inconnu (ce qui fut notamment le cas en Espagne et en Angleterre), l'iconographie des *Tentations* est elle aussi quasiment absente.

D'autre part, si l'art macabre propose au chrétien un modèle du "bien mourir", les *Tentations* sont tout au plus une mise en garde eschatologique contre l'abus des biens terrestres, mais ne présentent nullement la mort physique de saint Antoine. Si l'on voulait donc faire entrer les *Tentations* dans la liste des arts macabres, il faudrait aussi y ajouter l'imagerie des sept Péchés Capitaux.

2 - Les *Tentations et l'Ars*

Cependant, ce que l'on a coutume d'appeler "art macabre" met en scène les souffrances pré-mortem ou post-mortem du bon et du mauvais chrétien et proposent une vision égalitaire et morale sur les biens terrestres; or, de même, les *Tentations*, notamment boschiennes, sont une mise à l'épreuve d'Antoine et montrent donc le combat du saint contre la "*cacophonie des temps modernes*" (comme disaient Savonarole ou Boccace). Cette psychomachie, bien que n'impliquant pas une vision égalitaire du monde, met donc en scène, comme nous venons de le dire, le combat entre la vie active et la vie contemplative. Les

Tentations, par essence morales, sont ainsi, comme l'*Ars* notamment, une sorte de mise en garde eschatologique à l'adresse des chrétiens.

On notera aussi que saint Antoine est l'un des intercesseurs de l'*Ars*. De plus, l'*Ars* reprend, comme saint Athanase dans les différents chapitres de la *Vita Antonii* (IVème siècle), les mêmes péchés. En d'autre termes, comme le mourant de l'*Ars* médiéval, la *Vita Antonii* met successivement en scène, dans la "*Première Partie*", les péchés d'Orgueil et de Luxure (chap. 6), de Fausse Gloire et de Richesse (chap. 11 et 12), les vertus d'Espérance (chap. 8), de Foi (chap. 9), et de Tempérance (chap. 13). Puis, dans la "*Deuxième Partie*", à nouveau les péchés d'Impatience (chap. 16), d'Orgueil (chap. 17, 26 et 41), de Désespérance (chap. 18), de Vaine Gloire et de Richesse (chap. 19), et la vertu de Fidélité (chap. 20).

Comme dans plus tard dans l'*Ars*, interviennent aussi le "*signe de la croix*"[3] (chap. 23) et l'imprécation pour ne pas craindre les démons, qui n'ont aucun pouvoir[4] (chap. 30 et 42), symboles que l'on retrouve associés au chapitre 35.

Enfin, dans la "*Troisième Partie*", apparaissent à nouveau le péché de Luxure (chap. 55), et les vertus de Prudence (chap. 56) et de Fidélité (chap. 58). De même, apparaissent les intercesseurs angéliques, qui viennent au secours d'Antoine (chap. 65), comme le feront les saints pour le mourant de l'*Ars*, et à nouveau l'imprécation contre les démons, mais cette fois pour signifier que Dieu vient toujours en aide au fidèle[5] (chap. 87 et 91).

Bien sûr, ces correspondances entre le texte paléochrétien et l'*Ars* s'expliquent essentiellement par la pérennité des mêmes symboles, des mêmes mythes et des mêmes allégories (péchés et vertus) dans la Chrétienté. Pourtant, l'importance de l'idée de souffrance à la Gloire du Christ est suffisamment récurrente dans la *Vita* pour qu'elle explique aussi, en partie, le goût de la fin du Moyen Age pour une théorie si proche des conceptions de l'époque.

Plus significatif sans doute, saint Antoine est l'unique saint de *La Légende Dorée* (vers 1260) de Jacques de Voragine, hormis saint Benoît[6], à subir une tentation qui se développe selon le modèle que prendra plus tard celle du mourant de l'*Ars*[7]). Donc, attaqué par les démons, qui le laisseront pour mort, saint Antoine[8] subit une véritable tentation, à l'instar du Christ au désert ou du mourant de l'*Ars*.

En fait, le schéma de la tentation d'Antoine dans la *Vita* et dans la *Légende Dorée* se rapproche de celui que reprendra l'*Ars*: 1/ offensive des démons; 2/ intervention angélique[9]; 3/ déroute des démons. Une telle correspondance ne peut pas être due au simple fait du hasard.

On peut, nous semble-t-il, en
conclure que les *Tentations de saint
Antoine*, comme celles du mourant de
l'*Ars*, ont eu le même succès à la fin du
Moyen Age parce que toutes deux
s'intégraient parfaitement à la même
dialectique d'intercession, d'autant plus
en vogue qu'elle permit alors à l'Eglise de
maîtriser les rites mortuaires[10]. D'un côté
en effet, le mourant de l'*Ars* montrait
aux fidèles comment mourir en bon
chrétien, accompagné d'un prêtre et en
remettant son âme à Dieu, et de l'autre,
saint Antoine[11] lui expliquait comment
bien vivre, loin des faux semblants et des
tentations du monde, en parfaite
adéquation avec le monde divin. Or, la
grande force de ce saint Antoine
triomphant, à l'instar de Job (symbole
par excellence de l'homme éprouvé),
était que, par sa tentation même et son
sauvetage *in extremis* par les anges et le
Christ, il devint d'un coup très proche
des croyants, qui pouvaient s'identifier à

son martyre[12] (exactement comme, à la même époque, les adeptes des Ordres réformés cherchaient, du fait des grandes calamités telles que la Peste Noire par exemple, à s'identifier à la Passion du Christ).

[1]Cf. Gaston Duchet-Suchaux et Michel Pastoureau, *La Bible et les saints - Guide iconographique*, Paris, Flammarion, 1990, art. "*Antoine le Grand*", pp. 33-34, et "*François d'Assise*", pp. 149 à 151.

[2]Cf. André Chastel, *Fables, Formes, Figures*, t. I, Paris, Flammarion, 1978, pp. 125 à 130.

[3]Chastel, "*La Rencontre du roi Salomon et de la reine de Saba dans l'iconographie médiévale*", *Gazette des Beaux-Arts*, Fév. 1949, pp. 99 à 114.

[4]Frédérick Tristan, *Les Tentations de Jérôme Bosch à Salvador Dali*, Paris, Balland/Massin, 1981.

[5]Gilbert Lascault, *Le monstre dans l'art occidental - Un problème esthétique*, Paris, Klincksieck, 1973, pp. 48ss.

[6]Il faut préciser que nous avons donné une approche plus générale des *Tentations* dans "*La Tentation de saint Antoine: un problème scolastique*", art. à paraître dans le n°7 de déc.-janv. 1992-1993 du *Serment des Horaces* et qui recoupe par certains points les articles suivants.

[7]Jurgis Baltrusaitis, *La Quête d'Isis*, Paris, Flammarion, 1985, p. 7.

[8]Christian Loubet, "*Genèse d'une oeuvre - Les Tentations de saint Antoine selon Jérôme Bosch*", p. 53 de *Notre Histoire*, n° 69, juil.-août 1990.

- Notes du chapitre II:

[1]Cf. Gaston Duchet-Suchaux et Michel Pastoureau, *La Bible et les saints - Guide iconographique*, Paris, Flammarion, 1990, pp. 33-34 et 149 à 151.

[2]Frédérick Tristan, *Les Tentations de Jérôme Bosch à*

Salvador Dali, Paris, Balland/Massin, 1981.

[3]Cf. Louis Réau, *Iconographie de l'Art chrétien,*, Paris, PUF, 1958, t. III, pp. 114-115; il est bien entendu toutefois que l'on ne compte pas ici les publications d'ordre général, ni celles qui se réduisent à de courts articles.

[4]En essayant de rester fidèle à la vision de l'Histoire de l'Art qu'avait Erwin Panofsky qui dans ses *Essais d'iconologie*, Oxford University Press, 1939, p. 29, écrivait de l'oeuvre d'art qu'elle est l'aboutissement des "*tendances politiques, poétiques, religieuses, philosophiques et sociales de la personnalité, l'époque ou le pays à l'étude*".

[5]Cf. par ex. Christian Loubet, "*Genèse d'une oeuvre - Les Tentations de saint Antoine selon Jérôme Bosch*", pp. 48 à 53 de *Notre Histoire*, n° 69, juil.-août 1990; et Tristan, chap. 12, pp. 86ss.

[6]Fig. 110 du catalogue de l'ouvrage de Tristan.

[7]Cf. André Vauchez, "*Les stigmates de saint François et leurs détracteurs dans les derniers siècles du Moyen Age*", pp. 595 à 625 des *Mélanges d'Archéologie et d'Histoire* de l'Ecole Française de Rome, t. LXXX, 2, Paris, E. de Boccard, 1968.

[8]*Ibidem*, pp. 614ss.

[9]Henri Suso, *OEuvres complètes*, Paris, Seuil, 1977, pp. 233 à 236.

[10]Comme le montre le tableau ci-joint, la France a déjà, à la même époque, une production importante, seulement, il faut bien se rendre compte que, d'une part, la plupart de ces oeuvres françaises ne sont pas des *Tentations*, mais des images (ou des sculptures) représentant saint Antoine seul - ou avec son cochon -

(cf. par ex. Henry Chaumartin, *Le compagnon de saint Antoine - Etude sur le symbolisme du cochon, attribut caractéristique du saint*, Paris, Aesculape, sans date, et Roland Villeneuve, *La beauté du diable*, Paris, Berger-Levrault, 1983, pp. 91ss.), et que, d'autre part, la France reste un cas à part, puisque, comme on le sait, si le mythe d'Antoine fascina longtemps, et ce dès le IVème siècle, les chrétiens d'Occident à cause de la fascination qu'exerçait sur eux l'Orient chrétien, le culte d'Antoine prit naissance avec le transport de ses reliques à Saint-Antoine-en-Viennois, au XIème siècle, cf. Réau, pp. 102ss., et Tristan, pp. 7 à 20ss.

[11] Sur l'iconographie franciscaine, cf. l'excellent corpus de Maurice Vandalle, *Saint François d'Assise et ses interprètes dans l'art - Recherches d'(sur l')iconographie franciscaine*, Paris, éd. de la France Franciscaine, 1927; et sur son développement à travers les siècles, cf. Henri Focillon, *Moyen Age - Etudes d'Art et d'Histoire*, Montréal, Bernard Valiquette, 1945, chap. VII, pp. 133 à 152.

[12] Cf. Vandalle et Focillon, *ibidem*.

[13] Cf. Vauchez, pp. 604ss.

[14] Réau, pp. 101-102.

[15] Cf. Chaumartin, pp. 2ss.

[16] Tristan, p. 93.

[17] L'iconographie des *Tentations* féminines a trouvé son origine dans cet épisode et celui des *Vitae Patrum* où Antoine surprend une reine démoniaque au bain qui l'invite dans son château cf. André Chastel, *Fables, Formes, Figures*, t. I, Paris, Flammarion, 1978, pp. 128 à 130, et "*La Rencontre du roi Salomon et de la reine de Saba dans l'iconographie médiévale*", *Gazette des Beaux-Arts*, Fév.

1949, pp. 99 à 114.

[18]Athanase, *Antoine le Grand père des moines*, Paris, Cerf, 1989, p. 12.

[19]Surtout vis-à-vis de celle de la Charité, cf. catalogue d'expo. sur *L'allégorie dans la peinture - la représentation de la charité au XVIIème siècle* sous la dir. d'Alain Tapié, musée des beaux-arts de Caen, 1986, pp. 18ss. et 123 (par ex.).

[20]Cf. les *Fioretti de saint François* suivi de *Considérations sur les Stigmates*, Paris, Seuil et éd. franciscaines, 1962, intro., pp. 7 à 11.

[21]*Fioretti*, *ibidem*, pp. 68-69. L'enlumineur semblerait donc avoir amalgamé le thème franciscain et l'épisode des fameuses *Vitae Patrum*, compilées au Vème par Jean Cassien (cf. Suso, notes pp. 233 à 236), dans lesquelles Antoine est conduit par la reine démoniaque (cf. Chastel, *Fables, Formes, Figures*, pp. 128 à 130) jusqu'à son somptueux château où elle lui propose de partager ses richesses (tentation d'*Avaricia*) s'ils se marient (tentations de *Luxuria* et d'Infidélité). Comme il refuse, les habitants du palais se transforment en démons et le battent à mort.

[22]Tristan, p. 49.

[23]Cf. *ibidem*, chap. 1, 2, 7, 13 et 14; et Villeneuve, pp. 108 à 118.

[24]Cf. par ex. Carlo Ginzburg, *Le sabbat des sorcières*, Paris, Gallimard, 1992, pp. 181ss.

[25]*Les sorcières*, Paris, BN, 1973, pp. 14-15ss.

[26]Cf. Chastel, *Fables, Formes, Figures*, pp. 128ss.

[27]Et par suite des sorcières, cf. Villeneuve, p. 192. On le retrouve ainsi significativement attribué à la reine

aux pouvoirs magiques de *Blanche Neige et les Sept Nains* de 1937 réalisé par William Cottrell, David D. Hand, Wilfred Jackson, Larry Morey, Perce Pearce et Ben Sharpsteen, pour les studios Walt Disney, elle-même tentatrice en tant que donatrice de présents maléfiques.

[28]Cf. Réau, pp. 107 et 109-110.

[29]Gilbert Lascault, *Le monstre dans l'art occidental - un problème esthétique*, Paris, Klincksieck, 1973, chap. II, pp. 43 à 58, montre comment le baroque, à cause de son naturalisme, va refuser la représentation du monstre; il cite l'Allée des Marmouzets du château de Versailles comme exemple de dissimulation des formes tératologiques.

[30]Comparer avec les représentations de Pandore dans Dora et Erwin Panofsky, *La boîte de Pandore*, Paris, Hazan, 1990. Même si Marie Madeleine tient aussi dans l'iconographie traditionnelle le vase à parfums, symbole de sa rédemption, il ne semble pas que dans les *Tentations* il faille voir une représentation de la pécheresse repentie, à moins de supposer une curieuse typologie entre la Madeleine pécheresse, identifiée à Vénus dans les images de la Renaissance, cf. Duchet-Suchaux et Pastoureau, p. 222, et la Madeleine rachetée.

[31]Et déjà d'une certaine inclination baroque pour le naturalisme. Mais ici, la Nature - plus précisément image de l'*étant* et des vanités du monde - s'oppose à la représentation religieuse du saint et de l'ontologique.

[32]Cf. *Encyclopédie des antiquités*, Paris, Gründ, 1979, pp. 143 à 147ss.

[33]Etudiée partiellement, mais pas à travers les

Tentations, par Sara F. Matthews Grieco, *Ange ou diablesse - La représentation de la femme au XVIème siècle*, Paris, Flammarion, 1991.

[34]D. et E. Panofsky, pp. 11ss.

[35]Cf. Ruth Mellinkoff, *The Devil at Isenheim - Reflections of Popular Belief In Grünewald Altarpiece*, Berkeley, California Studies in the History of Art, 1988, pp. 89 à 92; du reste, l'iconographie des *Tentations* rappelle souvent celle des *Tentations de Job* ou du Christ au désert, il suffit pour s'en convaincre de comparer ces divers types iconographiques dans l'ouvrage de Villeneuve, pp. 91ss.

[36]Cf. Jean Palou, *La sorcellerie*, Paris, P.U.F., 1985; et Villeneuve, *Dictionnaire du Diable*, Paris, Bordas, pp. 148-149. Par ex., Odon, abbé de Cluny, demandera, en parlant des femmes: "*comment pouvons-nous désirer embrasser ce sac de fiente?*".

[37]Tristan, p. 94.

[38]Sur l'identité entre les mythes de Mithra, Cybèle et Isis, cf. par ex. Jurgis Baltrusaitis, *La Quête d'Isis*, Paris, Flammarion, 1985; Paul Friedländer, *Documents of dying Paganism*, University of California Press, 1945; et, éventuellement, Sophie Cassagnes-Brouquet, *Vierges Noires - Regard et fascination*, Rodez, éd. du Rouergue, 1990, notamment pp. 135ss.

[39]Cf. Baltrusaitis, *ibidem*; et Aline Rousselle, *Croire et guérir - La foi en Gaule dans l'antiquité classique*, Paris, Fayard, 1990, qui atteste la persistance des mythes mithriaques au XIème siècle.

[40]*La Bible de Jérusalem*, Paris, Desclée De Brouwer, 1975, pp. 159-160.

ni7878

[41] Mellinkoff.

[42] Au Moyen Age, les juifs étaient considérés comme les "fils de la truie", cf. par ex. Mellinkoff, *ibidem*, pp. 59 à 75; et Raymond Buren, M. Pastoureau et Jacques Verroust, *Le Cochon - Histoire, symbolique et cuisine du porc.*, Paris, Sang de la terre, 1987, pp. 51 à 53.

[43] Cf. Martin Erbstösser, *Les hérétiques au Moyen Age*, Presses du Languedoc, Max Chaleil, 1988.

[44] Cf. Michel Vovelle, *La mort et l'occident de 1300 à nos jours*, Paris, Gallimard, 1983.

[45] Cf. Baltrusaitis, *Réveils et Prodiges - Les Métamorphoses du gothique*, Paris, Flammarion, 1988, pp. 288ss. Il peut aussi s'agir, en seconde lecture et si l'on se reporte à l'aspect de la maison en arrière-plan, qui semble tout droit sortie d'un conte, d'une référence confuse aux tables que l'on devait dresser pour recevoir les fées le Jour de l'An, et dont Pierre Saintyves, *Les contes de Perrault - En marge de la Légende Dorée - Les reliques et les images légendaires*, Paris, Robert Laffont et Institut Pasteur, 1987, p. 36, atteste de façon notable la pérennité dans la tradition populaire encore au XVIIème siècle. En ce cas, la table, elle-même symbole double, accentuerait la qualité pandorique de la tentatrice qui, comme les fées, porte "*le bonheur dans* (sa) *main droite, le malheur dans* (sa) *main gauche*", Saintyves, *ibid.* Ainsi donc, l'opposition entre les forces du Bien et du Mal acquerrait une intéressante valeur de "diathèse", dont le but final serait de provoquer à l'instar des illustrations de l'*Ars* un retour en soi à travers une réflexion sur la vanité du monde et la nécessité de d'être humble envers les forces divines (ce qui, comme Saintyves, *ibid.*, pp. 27-28, l'écrit à propos

des contes des civilisations "primitives", ne vise nullement à promouvoir la moralité, mais bien plutôt à maintenir et justifier les vieux rituels magiques et magico-religieux chrétiens, qui sont censés procurer le bien social). On retrouve cette bipolarité dans le panneau central du *Triptyque de la Tentation de Saint Antoine* (1505-1506) de Jérôme Bosch, conservée au Museu Nacional de Arte de Lisbonne, où Jésus, devant un crucifix, fait le signe de bénédiction en direction du saint et du spectateur, Antoine regardant lui-même à la fois le spectateur et la masse des démons du tableau. Ainsi, le signe de Jésus est un avertissement au saint et au spectateur, pendant que le regard d'Antoine évoque les dangers de l'Infidélité (il ne regarde plus le Christ), tout en étant une invitation à la méditation pour le Chrétien.

[46]Cette symbolique est également reprise dans de nombreux ouvrages hermétiques, comme par exemple la *Geometria et Perspectiva* de 1555 de Lorenz Stöer, cf. Roger Caillois, *Au cœur du fantastique*, Paris, Gallimard, 1965, pp. 14-15.

[47]Cf. Jean Chevalier et Alain Gheerbrant, *Dictionnaire des symboles*, pp. 271-272.

[48]Dont le type s'inspire du dessin de 1515 de Dürer, conservé à l'Albertina de Vienne, fig. 113 du catalogue de l'ouvrage de Tristan.

[49]Cf. Daniel Arasse, *Le Détail - Pour une histoire rapprochée de la peinture*, Paris, Flammarion, 1992, pp. 15ss.

[50]Cf. Villeneuve, *La Beauté du diable*, pp. 105ss.

[51]Cf. Mme André Piettré, "*Pomme d'amour et pomme d'immortalité*", pp. 169 à 185 d'*Etudes*, sept. 1959.

[52]*Ibidem.*

[53] Cf. D. et E. Panofsky, pp. 11ss.

[54] Cf. aussi Tristan, pp. 7ss.

[55] Edgar Wind, *Mystères païens de la Renaissance*, 1958, Paris, Gallimard, 1980, p. 98.

[56] Jean Seznec, *La survivance des dieux antiques - Essai sur le rôle de la tradition mythologique dans l'humanisme et dans l'art de la Renaissance*, 1929-1940, Paris, Flammarion, 1993, p. 136.

[57] *Ibidem*, par ex. pp. 232-246.

[58] *Ibid.*, pp. 352 et 356.

[59] *Ibid.*, p. 107; et Wind, pp. 96-100, 211, 272 et 291-292.

[60] Cf. D. et E. Panofsky, pp. 38ss.

[61] Cf. Ettore Camesasca et Charles de Tolnay, *Tout l'oeuvre peint de Michel-Ange*, Paris, Flammarion, 1986, p. 85, cette *Tentation* ne lui est pas attribuée de manière sûre.

[62] Ce que confirme par ex. Réau, p. 109.

[63] Cf. Chastel, *Fables, Formes, Figures*, pp. 125 à 130.

[64] *Le beau Martin*, p. 268.

[65] Athanase, chap. 65, p. 78.

[66] *Ibidem*, chap. 9, p. 18.

[67] Jacques de Voragine, *La Légende Dorée*, Paris, Garnier-Flammarion, 1990, t. I, p. 131.

[68] Ou, comme on l'a dit, de François Ier dans certaines images de propagande, cf. D. et E. Panofsky, chap. IV, pp. 35 à 40.

[69] Pour Suso, c'est un véritable mentor dans l'apprentissage de la foi, cf. Suso, chap. XXXV de la *Vie*, pp. 234ss.

[70]Comme on l'a dit, dès le XIème s., de nombreux pouvoirs prophylactiques ont été attribués à saint Antoine contre les maladies contagieuses, la peste, le mal des ardents ou feu de saint Antoine (ce qui lui valut même d'être figuré les pieds ou les mains en feu), et plus tard la syphilis, cf. Réau, pp. 101-102.

[71]Catalogue de l'exposition sur *Le beau Martin - gravures et dessins de Martin Schongauer (vers 1450-1491)*, musée d'Unterlinden, Colmar, 1991, fig. G10, p. 268. Il faut bien se rappeler que l'ensemble de la Grande Mystique impose au chrétien l'imitation du Christ, que ce soit Suso dans la *Vie* ou Thomas a Kempis dans *L'Imitation de Jésus Christ*, chap. 56, nlle trad. Pierre Guilbert, Paris, Nouvelle Cité, 1983, pp. 217 à 220.

[72]Pour Platon dans *Le Timée*, II 52 (*e*) à 59 (*d*) (*OEuvres complètes*, Gallimard, 1985, t. II, pp. 472 à 482), le cercle, qui contient les quatre autres corps solides, représente l'Univers créé et incréé, l'union entre divinité, macrocosme et microcosme (l'homme).

[73]Chevalier et Gheerbrant, art. "*Cercle*", p. 192, écrivent: "*Le cercle est le signe de l'Unité Principielle et celui du ciel; comme tel, il en indique l'activité, les mouvements cycliques. Il est le développement du point central, sa manifestation:"Tous les points de la circonférence se retrouvent au centre du cercle, qui est leur principe et leur fin", écrit Proclus. Selon Plotin, "le centre est le père du cercle, et selon Angelus Silesius, "le point a contenu le cercle". De nombreux auteurs, dont Henri Suso, appliquent la même comparaison du centre et du cercle à Dieu et à la création*".

[74]Pseudo-Denys l'Aéropagite, *Les Noms Divins* (820C et 820D § 6) dans les *OEuvres complètes*, Paris, Aubier, 1943, pp. 132-133.

[75]En tout cas aux XIVème-XVIème siècles, en effet, au XIXème, comme le rappelle Réau, la résurgence des *Tentations* étant essentiellement due à la possibilité qu'offrait cette iconographie antonite de représenter des chairs féminines molles et lascives, dans le goût de l'époque.

[76]Cf. Palou.

[77]Cf. Eugène Fialon, *Etude littéraire de saint Athanase*, Paris, Thorin, 1877, pp. 131 à 250.

[78]Bien que la comparaison soit pertinente.

- Notes du chapitre IV:

[1]CF. Luc de Nanteuil, *Le beau Martin* dans *Connaissance des Arts* n° 479 de Janvier 1992, p. 89.

[2]Ce que confirme par ex. Louis Réau, *Iconographie de l'art chrétien*, t. III *Iconographie des saints (A à F)*, Paris, P.U.F., 1958, art. "*Antoine abbé (17 Janvier)*", p. 109.

[3]Cf. André Chastel, *Fables, Formes, Figures*, t. I, Paris, coll. "*Idées et Recherches*", Flammarion, 1978, pp. 125 à 130.

[4]*Le beau Martin*, p. 268.

[5]Elle-même inspirée de la Tentation du Christ au désert, racontée seulement dans les Evangiles de Matthieu et de Luc. Or si, comme nous le croyons, l'iconographie proposée par Schongauer est bien plutôt contaminée par la version de *Luc*, 4, 11, ceci non seulement nous renverrait, bien sûr, a la nature de parèdre du Christ de Saint Antoine, mais encore confirmerait, comme nous le postulons, le caractère hautement théologique de son iconographie à la fin du

Moyen Age.

[6] Saint Athanase, *Antoine le Grand père des moines*, intro. Dom Aldabert de Vogüe, o.s.b., trad. Benoît Lavaud, o.p., version fr. de la *Vita Antonii*, chap. 65, p. 78.

[7] *Ibidem*, chap. 9, p. 18.

[8] Jacques de Voragine, *La Légende Dorée*, trad. J.-B. M. Roze, chrono. et intro. r.p. Hervé Savon, Paris, coll. de poche, Garnier-Flammarion, 1967, 1990, t. I, art. "*Saint Antoine*", p. 131.

[9] Ou de François Ier dans certaines images de propagande, cf. Dora et Erwin Panofsky, *la boîte de Pandore*, Bollingen Foundation, Princeton University Press, 1962, trad. Maud Sissung, Paris, coll. "*35/37*", Hazan, 1990, chap. IV, pp. 35 à 40.

[10] Pour Suso, c'est un véritable mentor dans l'apprentissage de la foi, cf. Henri Suso, *OEuvres complètes*, prés., trad., notes Jeanne Ancelet-Hustache, Paris, Seuil, 1977, chap. XXXV de la *Vie*, pp. 234ss.

[11] On sait bien que dès le XIème s., de nombreux pouvoirs prophylactiques ont été attribués à saint Antoine contre les maladies contagieuses, la peste, le mal des ardents ou feu de saint Antoine (ce qui lui valut même d'être figuré les pieds ou les mains en feu), et plus tard la syphilis, cf. Réau, pp. 101-102.

[12] Catalogue de l'exposition qui s'est tenue du 13 Sept. au 1er Déc. 1991 au musée d'Unterlinden de Colmar sur *Le beau Martin - gravures et dessins de Martin Schongauer (vers 1450-1491)*, fig. G10, p. 268. Il faut bien se rappeler que l'ensemble de la Grande Mystique impose au chrétien l'imitation du Christ, que ce soit Suso dans la *Vie* ou Kempis dans *L'Imitation de Jésus Christ*, chap. 56, nlle trad. Pierre Guilbert, Paris, Nouvelle Cité,

1983, pp. 217 à 220.

[13] Pour Platon dans *Le Timée*, II 52 (*e*) à 59 (*d*) (*OEuvres complètes*, éd. de Léon Robin, Paris, *Bibliothèque de la Pléiade*, Gallimard, 1950, 1985, t. II, pp. 472 à 482), le cercle, qui contient les quatre autres corps solides, représente l'Univers créé et incréé, l'union entre divinité, macrocosme et microcosme (l'homme).

[14] Jean Chevalier et Alain Gheerbrant dans *Le Dictionnaire des symboles*, Paris, Jupiter/Robert Laffont S.A., 1969, coll. "*Bouquins*", 1982, art. "*Cercle*", p. 192, écrivent: "*Le cercle est le signe de l'Unité Principielle et celui du ciel; comme tel, il en indique l'activité, les mouvements cycliques. Il est le développement du point central, sa manifestation:* "*Tous les points de la circonférence se retrouvent au centre du cercle, qui est leur principe et leur fin*", *écrit Proclus. Selon Plotin,* "*le centre est le père du cercle, et selon Angelus Silesius,* "*le point a contenu le cercle*". *De nombreux auteurs, dont Henri Suso, appliquent la même comparaison du centre et du cercle à Dieu et à la création*".

[15] Pseudo-Denys l'Aéropagite, *Les Noms Divins* (820C et 820D § 6) dans les *OEuvres complètes*, trad., comm. et notes Maurice de Gandillac, Paris, coll. "*bibliothèque philosophique*", Aubier, 1943, pp. 132-133.

[16] Pourtant reproduite dans *Tout l'oeuvre peint de Michel-Ange* (intro. Charles de Tolnay, doc. et mise à jour Ettore Camesasca, Milan, Rizzoli, 1966, trad. Alain Veinstein, Paris, coll. "*Les Classiques de l'Art*", Flammarion, 1967, 1986, p. 85), cette *Tentation* ne lui est pas attribuée de manière sûre.

[17] Charles de Tolnay, *Jérôme Bosch*, 1937, Baden-Baden, Holle Verlag GmbH, 1965, Paris, Robert Laffont, 1967, 1984, à propos du triptyque de la *Tentation de*

saint Antoine de Lisbonne, p. 358.

- Notes du chapitre V:

[1]Cf. Louis Réau, *Iconographie de l'art chrétien*, t. III: *Iconographie des saints (A à F)*, Paris, P.U.F., 1958, pp. 107 et 109-110.

[2]Gilbert Lascault, *Le monstre dans l'art occidental - Un problème esthétique*, Paris, Klincksieck, 1973, chap. II, pp. 43 à 58, montre comment le baroque, à cause de son naturalisme, va refuser la représentation du monstre; il cite l'Allée des Marmouzets du château de Versailles comme exemple de dissimulation des formes tératologiques.

[3]*Evangiles apocryphes*, éd. de France Quéré, Paris, Seuil, 1983, pp. 152 à 159.

[4]Le passage de *L'Ystoire de Merlin* où il est question de cette réunion des démons, qui se tient juste après la descente aux limbes, est partiellement reproduit pp. 291-292ss. de Claude Gaignebet et Jean-Dominique Lajoux, *Art profane et religion populaire au Moyen Age*, Paris, PUF, 1985.

[5]Cf. Gervais Du Bus, *Le Roman de Fauvel*, Paris, Firmin-Didot, 1914-1919, pp. XXXVIIss.

[6]Dans les *Vitae Patrum*, une reine démoniaque invite Antoine dans son château cf. André Chastel, *Fables, Formes, Figures*, t. I, Paris, Flammarion, 1978, pp. 128 à 130; et "*La Rencontre du roi Salomon et de la reine de Saba dans l'iconographie médiévale*", *Gazette des Beaux-Arts*, Fév. 1949, pp. 99 à 114. On y reviendra, cf. notes 17 et 18 *infra*.

[7]Cf. Jean Chevalier et Alain Gheerbrant, *Dictionnaire des*

symboles, Paris, Laffont/Jupiter, 1988, art. "*Chambre (secrète)*", pp. 203-204, "*Château*", p. 216, et "*Forteresse*", pp. 457-458.

[8]Cf. la Jérusalem Céleste de l'*Apocalypse*; *Hymnos Akathistos - Hymn of praise to the mother of God*, éd. de G. G. Meersseman o.p., Fribourg, University Press, 1958, grec-angl.; et la "*Startvia Nerouchimaïa*" ("*Mur indestructible*") russe, cf. Réau, *L'art Russe*, t. 1, *L'art scythe/ Le Moyen Age à Kiev et Novgorod*, coll. *Marabout Université*, Verviers, Gérard et C°, 1968, p. 125, qui renvoie au symbolisme de l'*hortus conclusus* occidental.

[9]Cf. Max J. Friedländer et Mia Cinotti, *Tout l'oeuvre peint de Jérôme Bosch*, Paris, Flammarion, 1967, pp. 100-101.

[10]Ruth Mellinkoff, *The Devil at Isenheim - Reflections of Popular Belief In Grünawald's Alterpiece*, Berkeley, Los Angeles, Londres, university of California Press, 1988, angl.

[11]Cf. par ex. Pierre Darmon, *Le mythe de la procréation à l'âge baroque*, Paris, Seuil, 1981, pp. 92ss.; Henry Institoris et Jacques Sprenger, *Le Marteau des Sorcières*, Grenoble, Jérôme Millon, 1990, pp. 141 ss; et Roland Villeneuve, *La beauté du diable*, Paris, Berger-Levrault, 1983, pp. 18ss.

[12]Réau, *Iconographie...*, pp. 101-102.

[13]Cf. Henry Chaumartin, *Le compagnon de saint Antoine - Etude sur le symbolisme du cochon - attribut caractéristique du saint*, Paris, Aesculape, sans date, pp. 2ss.

[14]Frédérick Tristan, *Les Tentations de Jérôme Bosch à Salvador Dali*, Paris, Balland/Massin, 1981, p. 93.

[15]Egalement cité par Réau, *Iconographie...*, p. 111.

[16]Ou de Février, cf. par ex. *Le Livre d'Heures d'Anne de*

Bretagne, Paris, Jean de Bonnot, 1979, p. 11.

[17]De plus, Y. Delaporte dans *Les vitraux de la cathédrale de Chartres - Histoire et description*, Chartres, E. Houvet, 1926, p. 213, qui montre parfaitement que l'opposition entre les vitraux représentant Antoine avec la tentatrice et Antoine avec le démon illustre les chap. 5-6, pp. 11 à 14 d'Athanase, *Antoine le Grand père des moines*, trad. fr. de la *Vita Antonii*, Paris, Cerf, 1989, dans lesquels la voluptueuse tentatrice une fois vaincue se montre sous son vrai jour, celui du noir démon de la fornication, imagine à tort que le vitrail de Chartres fonde l'iconographie de saint Antoine les pieds dans le feu. Pour nous, la tentatrice, qui arrive derrière Antoine et semble le surprendre, correspond plutôt à l'iconographie de l'*acedia*, sous la forme que l'on retrouvera dans le deuxième emblème de l'*Emblematum Sacrorum* de Joh Saubertum, Nuremberg, Balthasaris Caÿmoven, 1625, et qui a été magistralement étudiée par Erwin Panofsky pour *Der Traum das Doktor* de 1947-1498 de Dürer dans *La Vie & l'Art d'Albrecht Dürer*, Paris, Hazan, 1987, pp.111 à 117. On peut aussi ajouter que, se trouvant à proximité de l'une des deux baies qui reproduisent *La triple tentation du Christ*, *La Tentation de saint Antoine* acquiert une double valeur, symbolique (Antoine devient le parèdre *ontique* du Christ) et charismatique (opposant l'attitude du bon chrétien, celle d'Antoine qui, à l'image du Christ, met en déroute le démon, à celle du paresseux, qui se laisse pervertir et succombe aux délices et aux maux de la terre). De fait, une *Tentation du Christ* du XVème s. (miséricorde de St-Sulpice-en-Favières, fig. 243 p. 171 de Dorothy et Henry Kraus, *Le Monde caché des*

miséricordes, Paris, éd. de l'Amateur, 1986) semblerait s'inspirer directement de *La Tentation de saint Antoine* de Chartres.

[18] Tristan, p. 93.

[19] L'iconographie des *Tentations* féminines a trouvé son origine dans cet épisode et celui des *Vitae Patrum* où Antoine surprend une reine démoniaque au bain qui l'invite dans son château, cf. Chastel, *Fables...*, pp. 128 à 130; et *Gazette des Beaux-Arts*, pp. 99 à 114.

[20] Athanase, p. 12.

[21] Surtout vis-à-vis de celle de la Charité, cf. catalogue d'expo. sur *L'Allégorie dans la peinture - la représentation de la charité au XVIIème siècle* sous la dir. d'Alain Tapié, 27 Juin-13 Octobre 1986, musée des beaux-arts de Caen, pp. 18ss. et 123 (par ex.).

[22] Cf. les *Fioretti de saint François* suivi de *Considérations sur les Stigmates*, Paris, Seuil et éd. franciscaines, 1962, intro., pp. 7 à 11.

[23] *Fioretti, ibidem*, pp. 68-69. L'enlumineur semblerait donc avoir amalgamé le thème franciscain et l'épisode des fameuses *Vitae Patrum*, compilées au Vème par Jean Cassien (cf. Henri Suso, *OEuvres complètes*, Paris, Seuil, 1977, notes p. 233 à 236), dans lequel Antoine est conduit par la reine démoniaque (cf. Chastel, *Fables...*, pp. 128 à 130) jusqu'à son somptueux château où elle lui propose de partager ses richesses (tentation d'*Avaricia*) s'ils se marient (tentations de *Luxuria* et d'Infidélité). Comme il refuse, les habitants du palais se transforment en démons et le battent à mort.

[24] Thème principal de la Grande Mystique, cf. par ex. Michel Vovelle, *La mort et l'occident de 1300 à nos jours*, Paris, Gallimard et Pantheon Books, 1983, pp. 31-

32ss.

[25]Tristan, p. 49.

[26]Dont le thème se retrouve dans plusieurs légendes hagiographiques, dont celle de saint Bernard.

[27]Tristan, chap. 1, 2, 7, 13 et 14; et Villeneuve, pp. 108 à 118.

[28]Il est vrai que les tentatrices peuvent représenter des démons, elles sont alors reconnaissables à leurs cornes, leurs pieds crochus ou leurs ailes de chiroptères, cf. Réau, *Iconographie...*, pp. 111ss. Mais, bien que cela puisse paraître paradoxal, il ne faut distinguer les représentations de démons, comme ici, de celles d'incubes ou de succubes telle que la gravure de Schongauer.

[29]Comme le confirment par ex. le retable d'Isenheim, cf. Mellinkoff, ou les bois polychromes du musée d'Unterlinden de Colmar (entrés en 1913 et portant les n° d'Inv. SB 32 et 33), représentant *Saint Antoine visitant saint Paul au désert* et *Le Baptême du Christ*, d'après les gravures de Dürer et Schongauer. Les deux bois, réalisés vers 1510 et provenant de l'église des Franciscains de Colmar, sont visiblement d'une même main et se font pendant.

[30]Cf. Jean Palou, *La sorcellerie*, Paris, P.U.F., 1985; et Villeneuve, *Dictionnaire du Diable*, Paris, Bordas, art. "*Femme*", pp. 148-149. Par ex., Odon, abbé de Cluny, demandera: "*comment pouvons-nous désirer embrasser ce sac de fiente?*", cité *in* Villeneuve, *Dict. du Diable, ibid.*, p. 148.

[31]Se reporter par ex. aux prescriptions du *Lévitique* sur l'impureté menstruelle des femmes. Le texte d'une gravure anonyme du XVIIème s. intitulée *Le Caquet des*

femmes renvoie directement à une image pandorique de la femme: "*Sy les hommes voyant nos yeux,/ sente leur liberté perdue,/ Nous pourrions bien charmer les dieux/ nous voyant ainsi toute nue.*"; cf. Sara F. Matthews Grieco, *Ange ou diablesse - la représentation de la femme au XVIème siècle*, Paris, Flammarion, 1991. (*Le Caquet des femmes* est reproduit p. 326); et Dora et Erwin Panofsky, *La boîte de Pandore*, Paris, Hazan, 1990.

[32]Cf. Institoris et Sprenger.; et Palou, Ière partie.

[33]Cf. Gaston Duchet-Suchaux et Michel Pastoureau, *La Bible et les saints - Guide iconographique*, Paris, Flammarion, 1990, art. "*Antoine le Grand*", pp. 33-34, et "*François d'Assise*", pp. 149 à 151; et Henry Focillon, *Moyen Age - survivances et réveils - Etudes d'Art et d'Histoire*, Montréal, Bernard Valiquette, 1945, chap. VII, pp. 133 à 152.

- Notes du chapitre VI:

[1]Cf. par ex. Christian Loubet, "*Genèse d'une oeuvre - Les tentations de saint Antoine selon Jérôme Bosch*", *Notre Histoire*, n° 69, Juil.-Août 1990, pp. 48 à 53.

[2]Cf. Norbert-Bertrand Barbe, *Les Tentations de saint Antoine des XIVème-XVIème siècles*, mémoire de maîtrise en Histoire de l'Art, dir. M. Karol Heitz, Paris X-Nanterre, 1991, inédit, et "*Introduction à l'étude des Tentations de saint Antoine*", *Revue de la Bibliothèque Nationale*, n° 4, Déc. 1994, pp. 10 à 15.

[3]Saint Athanase, *Antoine le Grand père des moines*, Paris, Cerf, 1989, p. 34.

[4]*Ibid.*, pp. 42-43 et 55.

[5]*Ibid.*, pp. 99 et 102.

[6]Jacques de Voragine, *Légende Dorée*, Paris, Garnier-Flammarion, 1990, t. I, p. 237; néanmoins, en ce qui concerne saint Benoît, l'intervention angélique n'est qu'évoquée. De plus, ni saint Benoît ni les autres saints cités par Grégoire le Grand dans ses *Dialogues*, Paris, Téqui, 1978 - principal autre texte hagiographique du Moyen Age, après la *Légende Dorée* -, lorsqu'ils subissent des tentations, n'en sont délivrés par l'intervention directe de Dieu ou de ses messagers. Or c'est en cela que l'intervention angélique dans la tentation de saint Antoine devient atypique, car dans les *Dialogues* comme dans la *Légende Dorée*, lorsque le démon apparaît aux saints ou vient les tenter, la *seule* force de leur foi, qui n'implique nullement une intervention divine ou angélique directe (bien que souvent les saints s'aident de la croix), leur permet de chasser sans problème le démon, qui s'enfuit en se plaignant de son sort. Ce sont donc les saints eux-mêmes qui, seuls, par la prière, le signe de croix ou la mise en garde verbale, se délivrent des démons. Ainsi est-ce par la simple parole, gage de la force de leur foi, que les saints chassent les démons (ce que d'ailleurs saint Antoine lui-même fait dans la *Vita*, notamment face au démon de la fornication, chap. 5-6, ainsi que dans l'épisode des *Vitae Patrum* étudié par André Chastel, *Fables, Formes, Figures*, Paris, Flammarion, t. I, 1978, pp. 125 à 130). Il semblerait que ce rôle apotropaïque des saints dans les *Dialogues* et la *Légende Dorée* soit inspiré des écrits hagiographiques les plus anciens, tels que les *Vitae Patrum*, et plus généralement les diverses *Vitae Sanctorum* (Vème-XIème s.), dans lesquelles les saints étaient des "exorcistes charismatiques" et avaient donc

plutôt pour mission de chasser le démon (symbole de l'hérésie), leurs tentations n'étant qu'un *prétexte* pour le faire, comme a bien voulu nous le confirmer M. Michel Rubellin, Université Lumière-Lyon II, en s'appuyant sur les recherches qu'il a menées pour son article "*Le Diable, le saint et le clerc: deux visions de la société chrétienne au Moyen Age*", *Haut Moyen-Age - Culture, éducation et société - Etudes offertes à Pierre Riché*, La Garenne-Colombes, Publidix et Erasme, 1990, pp. 265 à 272.

[7]On notera à cet égard que la légende de l'enlèvement de saint Fursy, reproduite dans la *Légende Dorée*, t. II, pp. 230-231, et qui reproduit, comme l'*Ars*, un véritable combat entre les anges et les démons pour l'âme du saint, rappelle étonnement celle de saint Guthlac qui, selon Jurgis Baltrusaitis, *Réveils et Prodiges - Les métamorphoses du gothique*, Paris, Flammarion, 1988, pp. 288ss., aurait inspirée l'iconographie de la *Tentation de saint Antoine* de Martin Schongauer. Cependant, malgré l'intérêt d'un tel rapport, nous restons très prudent, car: 1°/ Le type de la psychomachie n'est pas rare (et les mythologies similaires, gréco-romaines, égyptiennes ou chrétiennes tardives, sont nombreuses, pensons seulement aux Sphinges psychopompes, ou au Jugement des âmes irano-égypto-judéo-chrétien et à leur voyage dans les sphères - par ex., les *Heures de Rohan*, fol. 159, elles-mêmes montrent ce type d'enlèvement de l'âme du corps -); et 2°/ On trouve déjà un tel combat entre anges et démons lors de la vision de son propre enlèvement mortuaire par saint Antoine dans la *Vita* de saint Athanase (chap. 65).

[8]Bien qu'étant, justement à cause de sa ressemblance

avec le Christ et avec Job, le parangon de tous les saints paléochrétiens, carolingiens et médiévaux.

[9]Voragine, p. 131, fait intervenir le Christ lui-même.

[10]Cf. Michel Vovelle, *La mort et l'Occident de 1300 à nos jours*, Paris, Gallimard, 1983, 1ère à 3ème parties, pp. 29 à 236.

[11]Dont les *Tentations* illustraient pour le peuple ce que les écrits des Grands Mystiques, tels Maître Ekhart ou Heinrich Suso (chez qui saint Antoine intervient d'ailleurs, parmi tout un aréopage de saints moralisateurs), expliquaient aux clercs et aux savants.

[12]On notera ainsi que la tentation de saint Antoine, sauvé par une intervention angélique (et non par sa propre force, ou celle du signe de croix, qui certes relève la présence divine, mais uniquement de manière symbolique), reprend la même structure que celle du roi Mordrain qui, dans *L'Estoire del Saint Graal*, est emporté par le Saint Esprit et déposé sur une île rocheuse au milieu de l'océan, île sur laquelle il sera tenté par le démon, mais sauvé par un personnage qui se fait nommé "*Tout en tout*" et se révélera finalement être le Christ lui-même, cf. Francis Dubost, *Aspects fantastiques de la littérature narrative médiévale (XIIème-XIIIème siècles) - L'Autre, l'Ailleurs, l'Autrefois*, Paris, Honoré Champion, 1991, t. I, pp. 208-209. Cette correspondance nous amène à penser que, d'une part, le modèle de la tentation de Mordrain est la vie des Pères du désert (dans la *Vita Antonii*, Antoine est lui-même emporté en l'air par les anges, l'iconographie des *Tentations de saint Antoine* transporté dans les airs des XIVème-XVIème s. - dont la première et la plus célèbre est celle de Martin Schongauer - s'inspire

d'ailleurs de cet épisode, cf. Barbe, *Revue de la BN*), et que, d'autre part, comme on le voit à travers cet exemple, par une sorte de choc en retour, la tentation en trois temps d'Antoine (tentation, intervention angélique, fuite des démons) s'inspire bien du schéma d'oeuvres telles que l'*Ars*, dans lesquelles c'est le chrétien lui-même - et non quelque martyr ou saint - qui est tenté et sauvé par Dieu ou ses représentants.

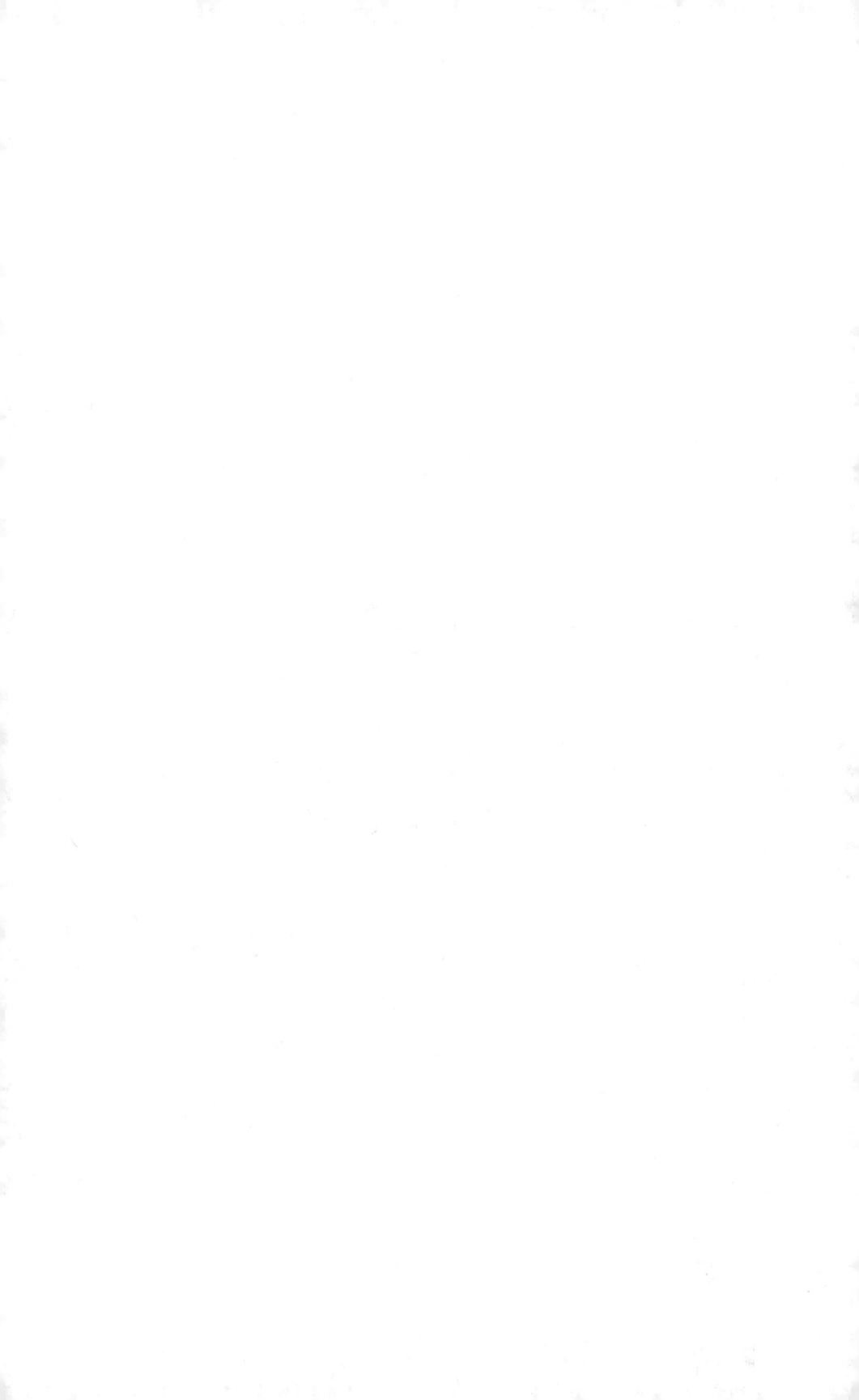

www.ingramcontent.com/pod-product-compliance
Lightning Source LLC
Chambersburg PA
CBHW051327220526
45468CB00004B/1532